공과 자비

공과 자비

마음 편히 행복하게 사는 길

황명찬 지음

지혜의나무

차 례

머리말

내가 불교공부를 시작한 지도 40년 가까이 된다. 젊은 나이에 태국의 수도 방콕 근교에 있는 AIT라는 대학원 대학에서 2년간 교수로 있을 때 Dr. Excell이란 한 영국인 교수의 안내로 불교공부를 시작하게 되었다. 그의 소개로 방콕시내 챠오피아 강변에 있는 불교서점에 가서 영국불교협회에서 팔리어 『중아함경』을 영문으로 번역한 Middle Length Sayings 세 권을 구입했고, 학교 일과 후 저녁시간에 주로 읽었다. 많은 비유를 들어 설명한 부처님 설법이 알기 쉽고 재미 있기도 했지만, 그것을 읽으면서 마음이 편해지기 시작했다.

그곳의 임기를 마치고 귀국하고 부터는 여러 가지 대승경전을 주로 읽었다. 그렇게 시작한 불교공부가 한 20

년 쯤 되었을 때 법화경에 입문하게 된 것이다. 그때부터 잠자리에 들기 전이나 아침 일찍 일과처럼 법화경을 독송한 지 20여 년 가까이 되었다. 그러는 가운데 어느덧 젊은 시절과 인생의 황금기가 지났고, 퇴직 후 경기도 양평에서 전원생활을 하면서 부처님의 가르침을 좀 더 알기 쉽게 전하기 위해 글을 쓰기 시작했다. 그렇게 쓰기 시작한 책이 지금까지 일곱 권쯤 된다. 그렇게 겁 없이 쓰게 된 것은 내가 알고 이해한 부처님의 가르침을 좀 더 알기 쉽게 전하려는 나의 염원이 강했기 때문이었다.

이번 책을 쓰게 된 직접적인 계기는 한 고등학교 동창의 부인이 만들어 주었다. 그분들은 4월 초파일 부처님 탄신일은 물론이고 다른 행사 때에도 빠지지 않고 절에 가는 불자로 알고 있었다. 그런데 어느 날 그 부인이 예배당에 나간다는 말을 듣고 나는 적지 않은 충격을 받았다. 몇 년 전 서울 근교에 있는 진관사에 가서 진관스님을 뵈었을 때, 그 절에 수십 년을 다니던 불자들이 며느리들의 권유에 못이겨 예배당에 다니게 되었다는 말씀과 함께 스님들의 책임도 있다는 말씀을 들은 적이 있었다. 시실 스님들이 히시고 또 신지들에게 히라고 권하는 불교수행은 매우 어렵다고 할 수 있다. 말하자면, 부처님의 가르침을 두고 스님들과 불자들 간에 소통이 잘 안되고 있는 것이다. 스님들 따로 불자들 따로 있게 되니 불교의 진리를 알고 싶은 불자들의 종교적 욕구가 제대로 충족되지 못하고 있는 것도 부인할 수 없는 사실이다.

하여간 친구 부인에게 불교의 핵심적 가르침을 알려주고 싶은 마음에『마음 편히 행복하게 사는 길』이란 제목의 글을 써서 주게 된 것이 계기가 되었고, 그 후 장순희 교수와 최상호 법사 등 몇 분의 권유에 못이겨 몇 가지 글을 더 보태어 이번 책을 완성한 것이다. 바로전의 저서『불교수행의 요체』를 내면서 이제는 더 쓸 일이 없을 것이라 생각했는데 또 쓰게 되었으니 내게 다시 용기를 준 그분들에게 무엇보다 감사해야 하겠다.

이 책을 내는데 몇 사람으로부터 많은 도움을 받았다. 두 사람의 제자 이순자 박사와 이강식 실장, 그리고 내 여식 제인이가 내가 손으로 써서 알아보기 힘든 원고를 컴퓨터 워드로 옮겨 일차적인 편집과 교정을 봐 주었다. 그리고 내 집사람 이명숙 여사가 아침저녁 끼니 챙겨주는 것은 말할 것도 없고 내가 쓴 원고를 제일 먼저 읽고 보통사람들이 쉽게 읽을 수 있는 글인가를 일차로 판단해 주었다. 어렵다고 하면 더 쉽게 다시 써야 했다. 그렇게 여러 사람들의 도움으로 이 책을 쓰게 되었지만, 마지막으로 〈지혜의나무〉 이의성 사장의 도움이 없었다면 내 원고는 이렇게 책으로 세상에 나오지 못했을 것이다.

이 책이 햇빛을 볼 수 있게 도움을 준 모든 분들에게 가슴 깊이 감사의 말을 전하고 싶다. 부처님의 가르침을 좋아하고 사랑하는 이들을 위하여 이 한 권의 책을 내는 뜻깊은 일에 참여한 여러 사람들과 나와의 인연은 보통 인연은 아닌 것이다. 나는 그 인연들에 대하여 또한 깊이 감사한다.

그렇게 나오게 된 책이지만 부족한 부분도 있을 것이고, 많은 분들에게 여전히 읽기 쉬운 책은 아니라고 생각한다. 그것은 전문적인 불교용어와 그 용어가 가리키는 뜻이 어렵기 때문이다. 그럼에도 불구하고 읽고 깊이 생각해 보면 결국 알게 되리라고 믿는다. 아무쪼록 이 책이 많은 이들로 하여금 불교의 진리에 눈뜨게 하고 그것으로 마음의 평화를 얻게 되길 진심으로 바란다.

1. 안내의 글

2550여 년 전 붓다께서 보리수 아래에서 큰 깨달음을 얻으신 후 그가 깨달은 진리가 세상 사람들이 쉽게 이해할 수 있는 것이 아니었으므로 사람들에게 가르치는 것을 포기할까 하고 망설였다고 한다. 그러나 과거의 부처님들이 했던 것처럼 그도 방편을 사용하여 사람들의 능력과 관심에 맞게 기초부터 차근차근 가르치기 시작하였다. 그리하여 부처님의 가르침은 크게 세 시기로 나눌 수 있다. 초기에는 사성제와 12연기법 등 아함경을, 중기에는 반야심경, 금강경 등 반야계통의 가르침을, 그리고 말기에는 법화경을 가르쳤다고 한다.

예나 지금이나 사람들은 누구나 다 고통과 괴로움에서 벗어나서 행복하게 살기를 바란다. 그러므로 어떻게 하면 고(苦)에서 해탈하여 마음의 평화를 얻을 수 있는가 그 방법이 초기 가르침의 주제가 되었다. 그것이 녹야원에서 깨치기 전 함께 고행했던 다섯 수행자들에게 설한 네 가지 진리[四諦]와 12연기법(緣起法)의 가르침으로 이른바 초전법륜(初轉法輪)이다.

　태어나서 조금 살다가 죽는 사람을 비롯한 모든 생명체와 삼라만상은 한시도 고정됨이 없이 끊임없이 변화하고 무상(無常)하여 삶과 존재 자체가 괴로움[苦]이요 탐욕이 고의 원인이므로 탐욕을 제거하면, 고가 소멸하고 마음의 평화, 즉 열반(涅槃)을 얻을 수 있다는 것이 네 가지 진리의 가르침이다. 탐욕을 제거하려면 항상 바른 생각과 바른 견해를 가지고, 생명을 죽이고 훔치는 악행을 하지 않고 선한 행동을 하며, 항상 깨어 있는 마음으로 선정(禪定)을 닦는 바른 수행을 해야 한다.

　사람이 태어나 살면서 사물을 보고 듣고, 인식하고 분별하며, 좋아하는 것은 가지려고 집착하고 싫은 것은 배척하면서 희로애락 등 여러 가지 경험을 하다가 늙어 죽고, 그동안 자기가 지은 업에 따라 또 다음 생에 태어나서 같은 과정을 반복하는 삶의 연속적 과정을 12단계의 인과관계로 설명한 것이 이른바 12연기법이다.

의사가 몸이 아픈 환자에게 무슨 병인지 그 원인은 무엇인지 진단을 한 다음 그 원인을 해소할 수 있는 약을 처방하여 병을 치료하듯이, 누구나 살면서 경험하는 괴로움과 그 괴로움의 원인을 진단하고 그것을 제거하여 괴로움에서 해방되고 마음의 평화를 얻을 수 있는 방법을 네 가지 진리와 12연기법을 통하여 가르친 것이 초기, 즉 아함시대의 주된 가르침이었다.

초등수학을 가르친 다음에야 중등수학을 가르칠 수 있듯이 이러한 초기의 가르침을 12년 가르친 다음에 약 20여 년간 가르친 것이 반야심경이나 금강경과 같은 반야 계통의 가르침이었다. 고를 완전히 제거하여 구경의 평화를 얻으려면 나를 비롯한 삼라만상이 공(空)하여 실체가 없다는 것을 깨쳐야 한다는 것이 중기 즉, 반야시대의 가르침이었다.

이렇게 초기와 중기의 가르침을 통해 고에서 벗어나 마음의 평화를 갖게 되자 부처님께서 깨달은 궁극적인 최고의 진리를 비로소 가르치게 된 것이다. 그것이 마지막 8년간 가르친 법화경이다. 사람은 누구나 다 본래부터 지혜와 자비를 갖춘 깨친 인간으로 그를 일시 가리고 있는 어둠을 제거하면 모두 다 성불할 수 있다고 이때 비로소 가르친 것이다.

초기에는 모든 사람들의 주된 관심이 괴로움에서 벗어나는 일이었으므로 그것에 초점을 두고 가르쳤고, 중기에는 공을 가르치긴 했지만 여전히 고로부터의 해탈이 그 중심을 차지했다. 누구나 부처님처럼 궁극적인 깨달음을 성취하고, 아직도 고통받고 있는 다른 사람들을 제도할 수 있다고 가르치긴 했지만 반야심경에서 보듯이 고로부터의 해탈이 여전히 중심적인 관심사였다.

성불하고 다른 사람들을 고통에서 제도하는 일은 법화경에 들어와서 중심을 차지하고 꽃피우게 되었다. 중기에 가르친 공(空)은 고로부터의 완전한 해탈과 궁극의 열반을 얻는 데 필요한 가르침이기도 하였지만, 다른 한편으로는 궁극적인 깨달음을 성취하고 부처님처럼 대자대비의 마음을 가지고 중생을 제도하는 큰 불사(佛事)에도 없어서는 안 되는 가르침이었다. 이와 같이 부처님의 가르침은 마치 초등수학 다음에 중등수학을, 중등수학 다음에 고등수학을 가르치듯이 단계적으로 이루어졌다.

많은 지류하천이 모여 강이 되고 모든 강이 흘러들어 모인 곳이 바다이듯이 반야계통의 가르침에는 사제법이나 12연기법 같은 아함시대의 가르침이 들어 있고, 법화경의 가르침에는 그 이전의 가르침들이 다 녹아들어 있다. 그러므로 반야심경을 이해하려면 네 가지 진리와 12연기법의 이해가 있어야 하고, 법화경을 완전히 알려고 하면 그 이전의 가르침들인 사제법과 12연기법 그리고 반야계통의 가르침들을 차례로 이해하고 알아야 한다. 1층과 2층을 거쳐야 3층에 갈 수 있는 것처럼 초기와 중기의 가르침을 알아야 마지막 가르침인 법화경을 완전히 이해하고 알 수 있다.

그리하여 법화경 화성유품에서 부처님은

① 열반할 때가 되고,

② 사람들의 믿음이 견고하며,

③ 공(空)을 완전히 통달하고[了達空法],

④ 깊이 선정에 들 수 있을 때

비로소 성문과 보살들을 모아 놓고 궁극적 진리의 가르침인 법화경을 설한다고 말씀하셨다. 배우는 사람들이 초기의 네 가지 진리의 가르침인 선정에 잘 들 수 있고, 중기의 가르침인 공을 통달한 다음에야 비로소 법화경을 가르친다는 것이다.

부처님의 일생에 걸친 설법은 코끼리의 묘사에 비유할 수 있다. 어떤 것은 코끼리의 머리에, 어떤 것은 코끼리의 다리에, 어떤 것은 코끼리의 몸체에 해당한다고 말할 수 있다. 한 가지 설법이나 한 가지 경전으로 부처님의 일생에 걸친 가르침을 다 알 수는 없는 것이다. 코끼리의 각 부분에 관한 설명을 모두 합쳐보아야 코끼리의 전체 모습을 알 수 있듯이, 부처님의 가름침도 부분의 가르침을 다 합쳐보아야 그 가르침의 전모가 드러나고, 그때 비로소 전체의 진짜 모습을 알 수 있다. 그것이 바로 법화경이다. 모든 강이 모인 바다처럼 모든 붓다의 가르침이 모인 가르침이 바로 법화경이며, 법화경에 이르러서야 우리는 부처님의 가르침의 전모를 비로소 알 수 있는 것이다. 그러므로 법화경을 모든 경의 왕이라고 한다.

따라서 이 작은 책은 크게 세 부분으로 구성되었다. 처음 부분이 초기의 가르침인 「연기법」과 「네 가지 성스러운 진리」이고, 중간 부분이 중기의 가르침인 「공의 이해

와 경험」, 「반야심경의 이해」와 같은 글이며, 마지막 부
분이 말기의 가르침에 해당하는 「가르침대로 수행하기」,
「마음 편히 행복하게 사는 길」, 「보살행」과 같은 글이다.
차례로 읽으면 붓다의 가르침의 전모를 이해하는 데 크게
도움이 될 것이다.

2. 연기법

부처님께서 크게 깨치신 후 약 12년간은 아함경을 가르치고, 약 8년간은 방등경을, 그리고 약 20여 년간 반야 계통의 경전을 가르치고, 마지막 8년간 법화경을 가르쳤다고 한다.

아함시대에는 사성제와 12연기법을 주로 가르치고 반야시대에는 공(空)을 가르쳤다. 반야심경과 금강경이 대표적인 반야 계통의 가르침이다.

인과응보, 고로부터의 해탈, 무아와 공(空) 등 주요한 불교의 개념들이 모두 연기법과 깊이 연관되어 있으므로 연기법이 무엇인지 제대로 이해하는 것이 대단히 중요하다.

연기법은 "이것이 있으므로 저것이 있고 이것이 소멸하면 저것이 소멸한다"는 진리를 말한다. 표현은 간단하지만 깊은 뜻이 내포되어 있다.

연기법에는 세 가지가 있는데 첫째가 법화경 화성유품에서 볼 수 있듯이 우리가 이 세상에서 살면서 경험하는 생로병사의 고통, 슬픔, 근심, 걱정 등의 괴로움은 모두 무명(無明)에 근본 원인이 있다는 12단계의 인과관계를 나타내는 12연기법이다.

(2)

12연기법은 무명(無明)에서 시작하여 늙어 죽는 것[老死]으로 끝난다. 삼라만상이 연기적 존재요 그 본성은 「나」라고 할 것이 없는 공(空)이라는 것을 모르는 이른바 무명 때문에 살면서 몸과 마음과 입으로 여러 가지 업(業)을 짓게 되고[行] 그것이 일종의 씨앗으로 우리의 심층의 마음인 제8아뢰야식(識)에 저장되었다가 한생을 마쳐 죽게 되면 다음 생의 몸과 마음으로 다시 태어난다. 아뢰야식은 다음 생의 부의 정자와 모의 난자와 함께 인연화합하여 모의 뱃속에서 잉태되어 열 달 동안 자라다가 새로운 생명체로 태어나서 자란다. 그 새로운 생명체의 몸과 마음을 소위 명색(名色)이라 부른다(반야심경에서는 몸과 마음을 「오온」이라 부르고 있다).

여기까지의 과정을 12연기법에서는 무명(無明)에 인연하여 행(行)이 있고 행에 인연하여 식(識)이 있고 식에 인연하여 명색(名色)이 있게 된다고 하였다.

(3)

새롭게 태어난 우리의 몸에는 다섯 개의 감각기관인 눈, 귀, 코, 혀와 몸 자체가 있고 마음이라는 인식기관이 있다. 그래서 명색에 인연하여 여섯 개의 감각 및 인식기관 즉 육입(六入)이 있게 된다고 하였다. 육입은 당연히 그에 상응하는 대상인 모양, 소리, 냄새, 맛, 촉감과 마음의 대상[法]이 있고 그것들을 감지 인식하는 의식이 있다는 것을 전제로 하고 있다.

그래서 명색에 인연하여 육입(六入)이 있고 이 여섯 개의 감각 및 인식기능에 인연하여 대상과의 접촉[觸]이 있고 이 접촉에 인연하여 대상에 대한 좋다, 나쁘다, 또는 좋지도 나쁘지도 않다는 우리의 느낌[受]이 있게 된다. 느낌에 인연하여 사랑[愛]하거나 미워하거나 하게 되고 사랑하거나 미워하는 것을 인연하여 집착[取]이 있게 된다. 다시 말하면 우리의 몸과 마음이란 「나」가 여섯 가지 감각 및 인식기관을 통하여 삼라만상을 분별하여 인식하고 그 결과 좋은 것은 집착하고 싫은 것은 배척한다.

(4)

그리고 집착[取] 때문에 다시 생활하면서 여러 가지 업을 짓게 되고 그동안 지은 업의 과보를 받아 다시 다음 생의 부모를 만나서 새로운 생명으로 잉태되고[有] 이 잉태가 인연이 되어 다시 태어난다[生]. 다시 태어나서는 삼라만상을 분별하고 집착하여 여러 가지 업을 짓고 그 과보로 근심과 슬픔과 고뇌를 받다가 늙어서 죽게 된다[老死憂悲苦惱].

이 관계를 도식으로 표시하면 다음과 같다.

무명 → 행 → 식 → 명색 → 육입 → 촉 → 수 → 애 → 취 → 유 → 생 → 노사우비고뇌

여러 가지 괴로움을 없애려면 근본 뿌리인 무명을 제거해야 한다. 그리하여 무명의 소멸을 인연하여 행의 소멸이 있고 행의 소멸에 인연하여 업식의 소멸이 있게 되고… 좋아하고 집착함[愛取]의 소멸에 인연하여 다음 생의 태어남이 없게 되고 태어나지 않으면 노사우비고뇌가 없게 된다.

(5)

간단히 말하면 12연기법은 우리가 삼라만상의 실상 즉 우주의 진리를 모르는 무명 때문에 어떻게 마음과 입과 몸으로 업을 짓고, 그 업 때문에 깊은 심층의 마음인 제8 아뢰야식이 형성되고, 생을 마친 다음 그 심층의 마음이 다시 태어나서 살면서 여섯 가지 감각과 인식의 기관을 통하여 대상세계를 분별하고 느끼고 인식하여 좋아하거나 싫어하고 집착하게 되는가를 보여준다. 그리고 분별하고 집착한 결과로 어떻게 다시 여러 가지 업을 짓고,

죽어서 또 다음 생에 태어나서 살면서 또 여러 가지 업을 짓고 근심하고 슬퍼하고 고뇌하다 늙어 병들어 죽는가 그 윤회 전생하는 고통스러운 삶과 죽음의 모든 과정을 보여준다.

두 번째 연기법은 삼라만상은 모두 그것을 구성하는 부분들이 모여 서로 의지하여 하나의 사물을 구성한다는 것이다. 여러 가지 요소들의 단순한 집합이 아니고 부분적인 요소들이 서로 밀접한 의존적 관계하에 모여서 하나의 사물을 구성한다. 벽돌, 목재, 흙, 못, 철근 등을 그냥 한곳에 모아둔다고 집이 되는 것이 아니고 그것들이 유기적 관련하에 구성되어야 비로소 「집」이 되는 것이다.

불교에서는 이것을 가리켜 인연화합체라고 부른다. 인연화합체라는 연기적 존재는 자체의 독자적인 존재성이 없다. 이것을 자성이 없다고 무자성(無自性)이라고도 부르고 무아(無我)라고도 부른다.

「물」은 수소원자 2개와 산소원자 한 개가 인연화합한 연기적 존재이다. 물이란 물질은 수소원자 2개와 산소원자 한 개가 인연화합하여 비로소 생긴 것이고 그 물의 본질은 물을 구성하는 원자 수준에서는 찾을 수 없다. 산소원자에도 물이라는 성질은 없고 수소원자에도 없다. 그러므로 갈증이 난다고 수소원자나 산소원자를 먹는다고 갈증이 해소되지 않는다. 따라서 물이라고 하는 성질, 즉 물의 독특한 자성(自性)은 본질적으로 보면 없다고 할 수 있다. 연기적 존재인 삼라만상은 같은 이치로 모두 본질적으로 볼 때 「나」라고 하는 것 즉 자성이 없으므로 공(空)이요 무아(無我)이다.

사과와 배가 각각 그것들을 구분할 수 있는 독특한 자기의 본질을 가지고 있다면 사과와 배를 분쇄하여 분자 이하의 수준, 즉 원자나 그 이하의 미립자 수준으로 내려가서 보아도 사과와 배의 독특한 맛이 있어야 하지만 실은 원자나 그 이하의 수준에 가면 그들의 맛을 찾을 수 없다. 즉 「사과의 본질」이나 「배의 본질」은 찾을

24

수 없다. 다시 말하면 사과나 배의 본질은 독자적 성질이 비어서[空] 없다.

이와 같이 삼라만상은 모두 연기적 존재요 인연화합체이므로 모두 본질이 비어서 없는 공(空)이다.

(7)

세 번째로 연기법은 삼라만상이 서로가 서로에게 의존하여 존재하므로 어떤 하나의 존재도 결코 홀로 존재할 수 없다는 사실이다. 연꽃 한 송이도 물이며 햇볕이며 흙이며 곤충이며 실로 여러 가지 존재의 참여와 도움으로 피어나서 생명체로서 존재하고 있다. 마찬가지로 사람도 많은 다른 사람의 참여와 도움으로 탄생하여 생명체로서 살아간다. 내가 먹는 음식도 수많은 사람의 손을 거쳐 내가 먹게 되고 내 몸의 병도 많은 의사의 도움으로 고치고 내가 학교에서 배울 때도 많은 선생님들로부터 배우게 된다.

우리는 서로가 서로에게 의존해서 살고 있기 때문에 남을 해치는 것은 결국 나를 해치는 것이 된다. 남을 죽이는 것은 나를 죽이는 것이 되고 남이 행복해야 내가 행복해진다.

그럼에도 불구하고 이렇게 연기되어 있음을 모르고 우리는 마치 홀로 살 수 있는 것처럼 함부로 남을 해치고 자기 이익만 챙기며 살아가고 있다.

남을 돕고 남을 이롭게 하는 일은 결국 자기를 이롭게 하는 일이다. 이타행은 결국 자리행(自利行)이 되는 것이다.

우리는 본래부터 남을 위해 사는 존재이며 우리가 하는 모든 일은 국수를 만드는 일에서부터 병을 고치는 일, 학생을 가르치는 일, 물건을 만드는 일, 청소하는 일에 이르기까지 모든 일이 결국은 남을 위해 하는 일이지 내 자신의 「돈벌이」를 위해 하는 것이 아니다. 우리가 산다는 것은 모두 남을 위해 사는 것이라고 생각하여 우리의 「의식」을 바꿔야 한다. 그렇게 「남을 위한다」는 마음을 가지고 일을 하는 것이 다름 아닌 이타행이요 자비행이다. 특별히 다른 무엇을 하는 것이 아니고 지금 하고 있는 일은 그대로 하되 오직 마음만 바꾸면 되는 것이다.

네 번째의 연기법은 삼라만상은 모두 마음의 힘에 의
존하여 있게 된다는 것이다. 어슴푸레한 저녁에 길가에
놓인 새끼줄을 보고 뱀이라고 생각하여 깜짝 놀란 경우
에 그 뱀이란 존재는 우리 마음과 생각의 힘에 의존하여
있게 된 것이다. 꿈속에서 아름다운 여성과 포옹을 할
때의 그 아름다운 여성의 존재도 우리의 마음의 힘에 의
지하여 존재한 것이고 사막 한가운데서 저 멀리 보이는
강물이란 신기루도 마찬가지로 마음에 의지해서 생긴
것이다.

이 세상에 존재하는 삼라만상은 모두 눈, 귀, 코, 혀,
몸이라는 감각기관을 통하여 우리의 의식 즉 마음에 비
친 「영상」이다. 영사기가 스크린에 영상을 투사하듯이
우리의 마음이 의식의 스크린에 투사한 영상을 우리는
저 바깥세상에 실재한다고 생각하는 것이다. 그것은 마
치 우리가 거울 속에 비친 사람이나 나무를 보는 것과 같
고 물속에 비친 달과 같은 것이다. 그러므로 세상 만물을
아지랑이같이 마술사가 마술로 만든 것과 같이 실체가
없다고 보라고 하는 것이다.

(9)

　뇌신경 과학자들의 연구에 따르면 우리의 사물 인식은 모양, 소리, 냄새 등 대상으로부터의 자극(stimulus)을 우리의 감각기관의 신경물질(neuron)이 두뇌에 신호를 보내면 그 신호를 받은 두뇌 속에 있는 일단의 신경회로(a set of neuronal circuit in the brain)가 과거의 반복된 경험으로 만들어진 인식 「패턴(pattern)」과 「관념(concept)」에 비추어서 눈앞에 보이는 「길고 노란 색깔의 구부러진 물체」가 「바나나」라고 인식한다는 것이다. 요즘 휴대폰으로 :•) 라는 기호를 받으면 사람들은 즉시 「웃는 얼굴」로 인식하는데 그것 역시 「패턴」에 따라 인식한 결과이다.

(10)

　두뇌가 과거의 경험을 토대로 구성한 패턴은 그 사물의 「이미지(image)」이지 실체가 아니다. 과거에 먹어 본 바나나가 길고 노란 약간 구부러진 모양이고 먹으면 단맛을 주는 매우 기분 좋은 물건이라는 반복된 경험이 「패턴」이란 「이미지」로 뇌 속에 저장되어 있다가 우리

의 눈이 노란 색깔의 길고 약간 구부러진 사물을 보게
되면 그 저장된 패턴에 따라 「바나나」라고 인식한다.
그리고 두뇌가 「바나나」라고 인식한 것은 :•) 라는 「이
미지」를 「웃는 얼굴」이라고 인식하는 것처럼 바나나의
「이미지」라는 것이다.

어슴푸레한 밤에 길을 걷다가 길 위에 놓인 꼬인 새끼
줄을 보고 「뱀」이라고 깜짝 놀라서 도망가는 경우에도
과거에 반복된 경험으로 형성된 패턴에 따라 인식하고
판단한 것으로서 뱀이라는 「이미지」이지 실제의 뱀이 아
니다. 그것은 길 위에 놓인 꼬인 모양의 새끼줄을 인연으
로 만들어진 패턴이요 이미지에 불과하다.

(11)

꿈속에서 보는 사람과 집과 동물들도 모두 실제가 아
니고 이미지이다. 「이미지」란 우리의 마음이 만들어낸
관념이다. 마찬가지로 우리의 「나」라고 하는 것도 우리
의 몸과 마음이 만들어내는 반복적인 경험들로, 예를 들
면 먹고 잠자고 놀고 일하며 기뻐하고 슬퍼하고 구심하
고 걱정하고 괴로워하고 느끼고 인식하고 생각하는 과거

의 모든 경험을 토대로 만들어진 패턴이요 관념이다.

결론적으로 말하면 우리의 경험 세계는 우리의 두뇌가 만들어낸 「이미지」의 세계이다. 우리가 보는 산하대지와 꽃과 사람들은 모두 「이미지」요 「영상」이다. 우리의 "생활은 마음에 의하여 형성된다"는 법구경의 말은 바로 이것을 가리키는 것이다.

우리는 결국 우리 마음이 만든 이미지의 세계를 보고 듣고 느끼고 생각하고 화내고 기뻐하고 근심하고 두려워하면서 그 이미지의 세계 속에서 살아가고 있다.

(12)

마음이 만든 패턴은 고정되어 있는 것이 아니고 실체가 없는 것이므로 우리의 생각과 경험을 바꾸면 바뀔 수 있다.

어떤 사람은 도마뱀을 보면 무섭다고 도망가는데 어떤 아이는 그것이 좋다고 애완동물로 키운다. 길거리에서 잘 모르는 사람이 눈으로 치켜보면 "왜 째려봐?" 하며 다짜고짜 주먹질하는 「깡패」도 「째려본다」는 마음속의 패턴을 바꾸면 다시 정상인이 될 수 있다. 다시 말하면 마음이 모든 것의 원천이므로 마음을 바꾸면 우리의 경험도 바꿀 수 있다. 마찬가지로 이기적인 나도 남을 배려하는 사람으로 변할 수 있다. 우리의 인식 패턴을 바꾸는 길이 바로 불교의 마음수행이다.

3. 네 가지 성스러운 진리

붓다께서 보리수 밑에서 큰 깨달음을 얻은 후 녹야원에서 처음 다섯 사람의 수행자들에게 한 설법을 초전법륜이라고 한다. 그때 처음으로 하신 설법 가운데 하나가 이른바 「네 가지 성스러운 진리[四聖諦]」이다.

네 가지 진리는, 그 요점만 보면 다음과 같다.

첫 번째 진리는 모든 형태의 존재는 모두 고(苦)를 받고 불만족스러운 생활을 한다는 가르침이다. 태어남이 고요, 병들고 늙는 것이 고요, 죽음이 고요, 슬픔·아픔·절망이 고요, 원하는 것을 얻지 못하는 것이 고다. 결국 탐애에 의해 영향을 받는 우리의 몸과 마음, 즉 오온(五蘊)이 고라는 것이다.

두 번째 진리는, 살면서 받는 모든 고통과 생사윤회는

탐애(貪愛)에 의하여 생긴다는 가르침이다. 탐애가 고의 원인이라는 것이다.

세 번째 진리는, 고의 원인인 탐애가 소멸하면 모든 고통과 윤회가 소멸한다는 가르침이다. 탐애가 소멸하면 곧 고에서 해탈하고 열반에 이른다는 것이다.

네 번째 진리는, 고를 소멸시키는 여덟 가지 바른 길[八正道]에 관한 가르침이다.

무엇이 여덟 가지 바른 길인가?

첫째 길은 바른 견해[正見]이다. 고를 바르게 알고 고의 원인을 바르게 알고 고의 소멸과 그 소멸에 이르는 길을 바르게 아는 것이 곧 바른 견해이다.

둘째 길은 바른 생각[正思惟]이다. 이것은 욕정, 악의와 잔인함에서 벗어난 마음을 말한다.

셋째 길은 바른 말[正語]이다. 이것은 거짓말, 욕설 등 폭언, 이간의 말, 쓸데없는 잡담 등을 하지 않는 것을 말한다.

넷째 길은 바른 행동[正業]이다. 이것은 살생, 도둑질, 사음 등을 하지 않는 것을 말한다.

다섯째 길은 바른 생활[正命]이다. 이것은 올바르지 못한 생활을 버리고 올바른 방법으로 생활하는 것이다.

여섯째 길은 바른 정진[正精進]이다. 이것은 악한 마음과 악행이 일어나지 않도록 하겠다고 작심하고 노력하는 것이고, 이미 일어난 악한 마음과 악행은 극복하겠다고 작심하고 노력하는 것이다. 그리고 선한 마음을 가지고 선행을 하겠다고 작심하고, 또 이미 생긴 선한 마음과 선행은 계속 유지하고 증장시키겠다고 작심하고 노력하는 것이다. 그렇게 그의 마음을 쓰고 노력하는 것이다.

일곱째 길은 바른 깨어 있음[正念]이다. 몸과 느낌과 마음과 마음의 대상에 대하여 열심히 뚜렷한 의식을 가지고 세속적 욕망이나 슬픔을 멀리 한 후에 깨어 있는 마음을 유지(mindful)하며 관하는 것이다.

여덟째 길은 바른 집중[正定]이다. 수행자는 감각적 대상에서 마음을 거둬들이고 착하지 못한 생각으로부터 마음을 거둬들여 초선정(初禪定)에 들고 그 다음에 차례로 제2선정, 제3선정, 그리고 제4선정에 든다.

네 가지 진리 가운데 처음의 진리는 알아야 할 것이고, 두 번째 진리는 버려야 할 것이고, 세 번째 진리는 실현해야 할 것 즉 열반이고, 네 번째 진리는 수행해야 할 것이다. 처음의 진리인 고제(苦諦)가 고쳐야 할 병이라면, 두 번째 진리인 집제(集諦)는 병의 원인에 해당하고, 세 번째 진리인 멸제(滅諦)는 병의 치료에 해당하며, 네 번째 진리 즉 도제(道諦)는 병을 치료하는 약에 해당한다.

이 여덟 가지 바른 길은 서로 연관되어 있다. 바른 선정(바른 집중)을 하려면 바른 견해, 바른 생각 등 나머지 일곱 가지 바른 길이 선행되어야 하고, 마찬가지로 바른 행동을 하려면 나머지 다른 바른 길의 수행이 있어야 제대로 실천할 수 있다. 여덟 가지 바른 길 가운데 바른 견해와 바른 생각은 지혜에 해당하고, 바른 말과 바른 행동과 바른 생활은 계(戒)에 해당하며, 바른 노력과 바른 깨어 있음과 바른 집중은 선정에 해당한다. 팔정도(八正道)를 줄여서 보면 계(戒)·정(定)·혜(慧)의 세 가지 공부, 즉 삼학(三學)이 된다.

처음에는 고를 느끼고 경험하는 「나」가 있다는 것을 전제로 가르쳤으나, 시간이 어느 정도 지나고 나서 곧바로 네 가지 진리는 궁극적으로 주체인 「나」가 없다고 가르쳤다. 궁극적으로 고를 느끼는 자가 없고 행위자도 없고 해탈하는 자도 없고 수행하는 자도 없다고 무아(無我)를 가르쳤다. 그러나 주체도 대상도 모두 없다는 가르침은 결국 반야심경에 들어와서 완전히 꽃피게 된다.

12연기법과 네 가지 진리는 별개의 가르침이라기보다는 서로 깊이 연관된 하나의 가르침이라고 볼 수 있다. 네 가지 진리의 구조가 바로 연기법의 구조를 취하고 있고, 거꾸로 12연기법도 네 가지 진리와 같은 구조를 가지고 있기 때문이다.

예를 들어 12연기법 가운데
① 집착[取]이 무엇이고,
② 집착의 원인은 무엇이며,
③ 집착은 어떻게 소멸하고,
④ 그것을 소멸시키는 길은 무엇인가를 깨달아 알면 괴로움에서 해방될 수 있다.

집착이란 감각의 즐거움에 대한 집착, 견해에 대한 집착, 의례에 대한 집착, 아견(我見)에 대한 집착을 말한다. 집착은 탐애가 인연이 되어 생기고, 탐애가 소멸하면 집착도 소멸한다. 집착을 소멸시키는 길은 바른 견해, 바른 생각, 바른 말, 바른 행동, 바른 생활, 바른 노력, 바른 깨어 있음, 바른 집중과 선정 등 고귀한 여덟 가지 길이다.

이와 같이 12연기법의 12가지 매듭 가운데 어떤 것이든 골라서 네 가지 고귀한 진리의 구조를 적용하면 고로부터 해방될 수 있다.

아함시대의 가르침인 12연기법과 네 가지 고귀한 진리를 통하여 생활 속에서 느끼는 괴로움을 어떻게 해결할 수 있는지 보기로 한다. 가장 큰 괴로움은 원하는 것을 갖고 싶은 강력한 욕망이다. 이것을 탐애(貪愛)라고 부른다. 또 다른 큰 괴로움은 인간관계에서 오는 것으로 어떤 사람에 대한 극심한 미운 마음과 화나는 감정이다. 이것을 진심(瞋心)이라고 부른다. 남에 대해 느끼는 시기나 질투의 마음까지 여기에 포함시킬 수 있을 것이다. 여기에 모든 괴로움의 근본 뿌리인 무명(無明)을 합하여 세 가지 독한 마음[三毒心] 즉 탐(貪)·진(瞋)·치(癡)라고 부른다.

무명을 제외하고 나머지 두 가지인 탐애와 진심은 우리에게 많은 괴로움을 주는 부정적인 감정인데, 그것은 12연기법으로 보면 어떤 대상에 대하여 강하게 좋아하거나 강하게 싫어하는 느낌이다. 그러한 느낌이 강렬하게 되면 그것은 결국 강한 집착으로 발전하게 되고, 탐애가 충족되지 않으면 큰 괴로움을 받게 된다. 반대로 싫어하는 느낌이 강하면 강렬한 미움과 증오심으로 발전하여 많은 괴로움을 받게 된다. 12연기법에서 보면 명색(名色)인 「나」가 여섯 가지 감각 및 인식기관[六時]을 통하여 여섯 가지 대상[六塵]과 접촉할 때[觸] 그 대상을 분별[受]하고 탐애[愛]하여 결국 집착[取]하게 되는 것이다.

탐애심과 진심의 결과로 생기는 괴로움에서 해방되려면 대상에 대한 느낌이 좋고 즐거운 것이라도 「탐애하고 집착하지 않아야」하고, 싫고 즐겁지 않은 느낌을 받더라도 「증오하거나 배척하지 않아야」한다. 그렇게 하려면 항상 「깨어 있는 마음」으로 경계하고 몸과 마음의 움직임을 「알아차리며」 자비희사(慈悲喜捨)의 네 가지 무량한 마음[四無量心]을 지녀야 한다. 이것이 여덟 가지 바른 길의 처방이다. 예를 들면 깨어 있음과 알아차림은 여덟 가지 바른 길 가운데 바른 알아차림[正念]이고, 탐애와 집착을 하지 않아야 한다는 것은 바른 견해, 바른 생각, 바른 행동, 바른 정진, 바른 선정 등과 관련된 처방이다.

네 가지 무량한 마음 가운데 자(慈)는 자애심(慈愛心)으로 미운 사람에 대하여 즐거움과 행복을 기원하는 마음이고, 비(悲)는 남이 고통에서 벗어나기를 바라는 마음이다. 이 자비의 마음은 미워하고 증오하는 마음[瞋心]에 대한 처방이라 할 수 있다. 희(喜)의 마음은 상대방이 고통을 여의고 기쁨을 얻기 바라는 마음이다. 희의 마음은 시기질투에 대한 치료제라고 볼 수 있다. 사무량심 가운데 마지막 사(捨)의 마음은 탐애심에 대한 대치법(對治法)으로 좋아하고 싫어하는 마음없이 모든 사람과 사물을 평등하게 대하는 마음이다. 이러한 자비희사의 대치법으로 우리에게 고통과 괴로움을 주는 탐심, 시기질투심, 증오심을 어느 정도 완화하고 심한 증상이 아닌 경우에는 치료할 수도 있겠지만 근본적이고도 완전한 해법은 되지 못한다. 그것은 나무의 뿌리는 그대로 둔 채 가지만 자르는 것과 같기 때문이다. 탐애심, 진심, 시기질투심의 뿌리는 「나」, 즉 아상(我相)과 허구의 「나」가 있다고 믿는 무명(無明)이지 무엇을 좋아하고[愛] 집착[取]하는 것은 아니다. 좋아함과 집착함은 가지에 지나지 않는다. 가지인 애착을 아무리 자르고 제거해 보았자 뿌리인 아상과 무명이 그대로 있는 한 탐애와 진심이라는 괴로움의 가지는 또 자라난다.

모든 분별과 집착의 주체인 「나」를 극복하려면 「나」라고 할 것이 없다는 무아(無我)를 깨쳐야 한다. 그리하여 「나」도 「너」도 있다는 전제하에 네 가지 진리와 12연기법을 가르치고 난 직후부터 붓다는 무아(無我)를 12년 동안이나 가르쳤다. "고(苦)는 있어도 고를 느끼는 자는 없다"고 하는 가르침이 한 가지 예이다. 「나」가 있다고 굳게 믿는 사람들에게 「나」라고 하는 것이 없다는 것을 이해하고 깨치게 하는 것이 결코 쉬운 일이 아니다.

「나」도 없고 「무명」도 없다는 가르침은 12년간의 준비기간을 거쳐 중기의 가르침인 반야심경에 와서야 활짝 꽃피우게 된다. 모든 연기된 것은 그 본성이 공(空)으로서 「나」라고 할 것이 없다고 깨치는 것이 바로 반야지혜이고, 이 지혜를 얻어야 무명과 무명에 근거한 「나」가 소멸한다.

어떤 친구가 이렇게 말했다.

"하루는 너무도 괴로워 '내 마음에서 악마를 몰아내 주소서' 하고 기도하였다네. 그러자 조금 후에 '다름을 인정하고 받아들여야 한다'는 마음의 소리가 들렸네. 그러나 그 다름을 인정하고 받아들이는 것이 정말 어려워."

그는 누군가에 대한 미운 마음과 분노의 감정을 악마라고 표현했다.

대부분의 사람들은 누가 나에게 기분 나쁜 언행을 하면 싫어하고 그것이 심하면 증오하고 미워한다. 그것은 시어머니로부터 "너는 친정에서 그렇게밖에 못 배웠니?" 하고 심하게 나무라는 말을 듣고 몹시 기분 나빠 하고 급기야 시어머니를 증오하게 되는 며느리의 마음과 같다. 이 미워하고 증오하는 마음이 생기면 즉시 「알아차리고」 「네 가지 무량심」으로 대치하라는 것이 네 가지 진리와 12연기법의 가르침이다. 이러한 아함경의 가르침은 "원수도 사랑하라"는 기독교의 가르침과 같다. 그러나 그러한 가르침을 실천하는 것이 불가능에 가까울 정도로 어려운 것은 미움과 증오심의 뿌리인 「나」라는 생각이 아직도 우리의 깊은 의식 속에 그대로 있기 때문이다.

「나」라는 생각과 이기심이 그대로 있는데 어떻게 「사랑」과 「자비」의 마음이 생길 수 있겠는가. 이러한 일은 초등 수준에서는 기대할 수 없고 중고등 수준의 가르침에 들어가야 가능하다. 장사하는 사람이 하루 동안 영업하면서 비용으로 얼마를 지출하고 물건을 팔아서 번 돈이 얼마이고 따라서 하루의 수익이 얼마인지 아는 것은 덧셈과 뺄셈 정도의 초등수학 실력이면 가능하다. 그러나 넓은 강을 건너는 다리를 건설하기 위해 교량에 어느 정도의 철근을 넣고 교각의 두께와 크기는 어느 정도를 해야 하는지를 알려면 고등수학 이상의 실력이 있어야 한다. 마찬가지로 증오의 마음을 완전히 뿌리 뽑으려면 반야심경과 그 이상의 가르침을 기다려야 한다.

4. 공(空)의 이해와 경험

(1)

붓다의 설법 가운데서 공이 어떤 의미로 사용되었는지 아는 것이 불법을 이해하는 데 매우 중요하다.

공의 한 가지 뜻은 모든 연기적 존재는 「자신의 고유한 존재가 비어서 없다(is empty of its own inherent existence)」는 부처님의 말씀에서 보듯이 자기의 고유한 성품, 즉 자성이 없다는 뜻이다. 삼라만상은 연기적 존재요 그 연기적 존재는 그 본성이 비어서 없다는 것이다. 자기의 독특한 본성이 비어서 없는 것이 사물의 진짜 본성이다. 무자성(無自性)은 사물 자체가 존재하지 않는다는 것이 아니고 그 사물의 본질이 비어서 없다는 뜻이다. 집이 비었다고

43

하면 그 집에 사람이 없다는 뜻이지 집 자체가 없다는 것이 아니듯이 사물의 본성이 비어서 없다는 것은 그 사물 자체가 존재하지 않는다는 것이 아니다.

(2)

물의 본질은 갈증이 날 때 마시면 갈증을 없애주고 씻을 수도 있고 불을 끌 수도 있는 독특한 특성을 가지고 있다. 그런 의미에서 물과 기름은 분명히 다른 사물이다. 그러한 물의 성질은 물을 구성하는 물질인 산소나 수소원자에서는 찾아볼 수 없다. 그러므로 갈증이 난다고 수소원자나 산소원자를 먹어도 갈증은 해소되지 않는다. 이와 같이 물이라는 인연화합체인 연기적 존재는 그 본성이 비어서 없다. 다른 사물과 구분할 수 있는 자기만의 특성이 본질적이고 궁극적인 수준에서 보면 없다.

마찬가지로 사과와 배도 자기만의 본질적 특성이 없다. 사과와 배의 분자를 원자 이하의 미립자로 쪼개면 사과의 특성도 배의 특성도 찾을 수 없기 때문이다. 사과의 맛과 배의 맛은 오직 분자 이상의 수준에서만 찾을 수 있다. 이러한 깊은 통찰을 하지 못하는 보통사람들은 사물의 겉모습만 보고 이것은 「아름답다」저것은 「아름답지 않다」하고 분별하지만 사물의 본질을 깊게 통찰한 수행자는 삼라만상은 모두 인연화합체로서 연기적 존재요 연기적 존재는 모두 자기의 본성이 비어서 없다는 것을 안다.

그에게 있어서 까마귀는 「불길한 새」가 아니고 까치와 하나도 다를 바 없다.

(3)

두 번째 공의 뜻은 「마음에서 모든 번뇌 망상을 완전히 비우는 것」이다. 마음에서 번뇌를 철저히 비우는 것 (the voiding of the mind of the cankers)이 가장 완전한, 그리고 비할 수 없는 최고의 공(voidness)이라 부르고, 그것을 성취한 수행자를 아라한이라고 한다. 반야심경의 가르침도 반야바라밀다를 수행하는 사람의 마음에서 「나」「대상」「고」「무명」「지혜」등 모든 분별의 상을 다 버리고 비우는 것을 공이라고 부르고 있다.

마음에서 모든 분별의 상을 비우려면 우선 삼라만상

이 본질적 실체가 없는 무자성의 존재라는 것을 깨쳐야
한다.

그렇기 때문에 위의 두 가지 공의 뜻은 서로 밀접하게
연관되어 있다.

삼라만상의 본성이 공이라는 것을 깨치고 마음에서 모
든 분별의 상을 비워 공을 철저히 실현하는 것이 중요하
다. 그 이유는 그것이 우리에게 고통과 괴로움을 가져오
는 「번뇌망상(mental proliferation)」을 소멸시켜 주기 때문
이다. 눈과 보이는 대상과 안식(眼識)이 만나면 접촉이
생기고, 그 접촉에서 느낌과 인식이 생기고, 느낌과 인식
이 있으면 그것에 대하여 생각하게 되고, 그 생각함을
계기로 생각에 생각이 꼬리를 물고 일어나는 「번뇌망상」
이 있게 되고, 이 번뇌망상에서 다시 헛된 인식과 관념
이 생기고, 이 헛된 관념이 세상을 보고 생각하고 행동
하는 「프레임」과 「패턴」을 만들고 그것으로부터 업을
짓는 괴로운 감정과 행동이 생긴다.

예를 들어 어떤 젊은 부인이 자기 친구로부터 그녀의 남편이 묘령의 젊은 여성과 함께 러브호텔에 들어가는 것을 보았다는 말을 듣고 집으로 돌아온 후 그녀는 온갖 「번뇌망상」이 떠올라 괴로워하였고 저녁에 집에 돌아온 남편과 대판 싸우게 되었다. 남편이 실제로 바람을 피웠는지 아닌지는 문제가 되지 않는다. 그 남편은 바람을 피운 전력이 있었으므로 그녀는 이미 남편이 부정을 저질렀다고 판단하고 있기 때문이다. 그 결과로 결국 그녀는 이혼을 하게 되었다. 만일 그 여성이 사나운 성격의 소유자였다면 싸우다 남편을 살해할 수도 있다. 이와 같이 번뇌망상은 우리의 일상생활 속에서 매우 심각한 문제를 일으킨다.

이러한 고통스러운 과정에서 번뇌망상이 아주 중요한 역할을 하게 되는데 그 번뇌망상을 제거해 주는 특효약이 바로 공(空)이라는 것이다.

뿐만 아니라 번뇌망상은 「불지혜」를 회복하고 성불하는 것을 가로막는 장애요소이다.

화엄경 여래성기품에서 우리는 누구나 다 여래지혜를 본래부터 갖추고 있으나 「망상과 집착」때문에 그것을 보지 못한다고 하였다. 번뇌망상과 집착만 멀리 떠나면 불지혜가 자연히 앞에 나타난다고 하였다. 이 번뇌망상을 제거하는 데 있어서 공(空)만큼 효과적인 것이 없다.

(5)

모든 고통스러운 감정과 행동은 헛된 관념에서 생기고 헛된 관념은 그릇된 번뇌망상에서 생긴다. 번뇌망상은 공(空) 속에서 소멸한다.

그리고 공은 연기법을 깨침으로써 터득할 수 있다고 나갈쥬나는 말했다. 무명을 극복하면 모든 괴로운 감정과 행동을 극복할 수 있고 무명의 극복은 연기법을 깨치면 된다. 연기법과 공을 깨치면 무명이 소멸하고 무명이 소멸하면 고통이 소멸하고 불지혜를 회복할 수 있다는 것이다.

그리고 한 걸음 더 나아가서 불보살처럼 중생을 이익되게 하는 진정한 자비행을 하려면 「나」가 죽어야 하고

「나」가 죽으려면 「나」가 없다는 「공」을 깨쳐야 한다.

이와 같이 고로부터의 해탈을 위하여, 불지혜의 회복을 위하여, 그리고 자비행을 실천하기 위하여 우리는 「공(空)」을 깨치고 실천해야 한다.

(6)

공(空)을 깨치려면 우선 공을 지적으로, 분석적으로 이해한 다음 지관의 명상을 통하여 직접 경험하고 확실하게 알아야 한다.

가부좌를 하고 허리를 곧게 펴고 앉아서 몸과 마음의 긴장을 풀고 평상시와 같이 자연스럽게 호흡을 하면서 마음을 편안하게 쉰다. 마음이 편안하게 될 때까지 호흡을 관하여 들숨과 날숨을 지켜보다가 마음이 고요하고 편안해지면 「깨어 있는 마음」으로 자기의 마음속에 떠오르는 생각이나 감정을 「알아차리고」 지켜본다. 어떤 생각이 허공같이 텅 빈 마음에서 나타났다가, 잠시 동안 머물다가, 다시 공(空) 속으로 사라지는 것을 분명하게 깨어 있는 마음으로 지켜본다.

한 생각이 지나가고 다음 생각이 등장할 때까지 잠시 동안이지만 아무런 생각이 없는 텅 빈 공의 마음을 볼 수 있다. 명상을 오래하면 할수록 그 생각과 생각 사이의 빈 공간이 확대되어 오랫동안 공의 마음을 경험할 수 있다. 이때 주의할 것은 아주 분명히「깨어 있는 마음」을 유지하는 일이다. 생각을 쫓아가면 그 생각을 볼 수 없고 깨어 있지 못하면 생각이 왔다 가는지조차 모르기 때문이다.

이렇게 명상을 할 때 복식호흡을 하려고 애쓸 필요도 없고 떠오르는 생각을 억누르려고 애쓸 필요도 없다. 다만 깨어 있는 마음으로 그 생각들을 알아차리고 지켜보기만 하면 된다. 본래부터 갖추고 있는「앎」속에서 그냥 생각들을 바라보면서 쉬면 된다. 이렇게 하는 명상을 티베트의 수행자들은 명상 아닌 명상(non-meditation)이요 명상과 친숙해지는 것(familiarization)이라고 부른다. 법화경 안락행품에서 조용하고 한가한 곳에 앉아서[在於閑處] 마음을 거두어 닦고[修攝其心] 삼라만상이 공하여 실상이라 관하는[觀一切法空如實相] 지관의 명상을 수행자가 친근할 것[親近處]이라고 말하고 있는 것도 같은 뜻이다.

　법화경 안락행품에서 법화수행자는 항상 "참선을 좋아하여 조용한 곳에 거처하고 마음을 거둬들여 닦아야 한다. 이를 첫 번째 친근할 것이라 한다. 그 다음에 삼라만상이 공하여 있는 그대로 실상이라고 관하라. 마치 허공처럼 「있다」할 성질이 없으며 일체 말길이 끊어지고 나지도 아니하고… 물러가지도 아니하고… 이름도 모양도 없고 실로 있다 할 것이 없고… 다만 인연 따라 있으며 전도되어 생긴 것이라고 관해야 한다. 이렇게 하는 것이 보살이 두 번째로 가까이 할 일이다"라고 설하고 있다.

　그리고 이어서 게송에서 "삼라만상은 공하여 실체가 없다. 항상 머물러 있음도 없고 생멸도 없다… 전도되어서 삼라만상을 있다 없다, 실이다 실이 아니다, 생이다[是生] 생이 아니다[非生] 하고 분별한다. 그러므로 수행자는 한가한 곳에 편안히 머물러 마음을 거두어들여 닦되… 삼라만상이 모두 있지 않으며 마치 허공처럼 견고함이 없고 생하지도 아니하고… 물러나지도 아니하며 항상 한 모양으로 머물러 있다고 관(觀)하라. 이것이 수행자가 항상 가까이 할 일이다"라고 공의 지혜를 닦는 지관법(止觀

法)을 밝히고 있다.

요약해 말하면, 삼라만상은 인연 따라 생긴 연기적 존재로서 그 본성은 허공처럼 텅 비어서 실체가 없지만 우리의 거꾸로 된 생각 때문에 「있다 없다」, 「실이다 실이 아니다」, 「생이다[是生] 생이 아니다[非生]」 하고 분별한다. 그러므로 한가한 곳에 앉아 마음을 거둬들여 고요히 닦되 삼라만상이 허공처럼 공하여 본래 없다고 관(觀)하라는 것이다. 이것이 바로 법화수행자가 가까이할 「공의 지혜」를 닦는 지관(止觀)의 명상법이다. 수행자는 우선 삼라만상이 공하여 실체가 없다고 깨친 다음 경험의 주체인 「나」와 경험의 대상과 경험 자체에 대하여 「있다 없다」 등의 모든 분별의 상(相)을 마음에서 제거해야 한다. 이와 같이 수행하여 본래 한 물건도 없음[本來無一物]을 깨달으면 마음에서 모든 분별의 검은 구름이 사라진 허공 같은 텅 빈 마음 즉 무심(無心)의 경지를 얻게 된다. 이 공의 마음, 무심의 마음이 우리의 본성이다.

(8)

우리 마음이 저 허공처럼 비어 있기만 한 것은 아니

고 텅 비어 있지만 환하게 밝게 아는 「앎」 자체가 있다. 생각이 오고 가는 것도 알고 생각이 없어 마음이 텅 빈 상태인 것도 아는 그 「앎」을 「마음의 빛」이라고도 부르고 「묘하게 깨친 밝음 자체[妙覺明體]」라고도 부른다. 이 깨친 마음의 「밝은 빛」이 곧 지혜요 「따뜻한 빛」이 자비이다. 다시 말하면 본래 깨친 마음은 밝은 지혜의 빛이며 따뜻한 자비의 빛이다. 지관의 명상에서 이 마음의 허공성(emptiness)과 광명성(clarity)을 함께 경험할 수 있다. 이 마음의 「공」과 「앎」이 우리 마음의 본성이다. 우리의 마음에서 분별의 상을 모두 제거할 때 비로소 지혜와 자비의 빛이라는 마음의 본성이 드러난다. 마음은 텅 비어 있지만 깨친 마음의 빛 즉 지혜와 자비의 빛이 있으므로 진공묘유(眞空妙有)라고도 하고 고요하면서 항상 비치고[寂而常照] 비치면서 항상 고요하다[照而常寂]고도 말한다.

  마음이 텅 비어 있음을 경험하여 안다는 것은 「나」라고 할 것이 없다는 것을 아는 것이요 「나」라고 할 수 있는 고정된 본질적 성품이 없다는 것은 무엇이든지 될 수 있는 무한한 가능성과 잠재력이 있다는 것이다.

공은 텅 비어서 아무것도 없는 것인 동시에 무엇이든 일어날 수 있는 무한한 잠재력이다. 이것이 또한 진공묘유의 뜻이기도 하다. 능엄경에서 허공에 가까운 미립자인 인허진(隣虛塵)을 쪼개면 허공이 나오는데 그 허공에서 삼라만상이 생겨난다고 하는 것은 바로 이것을 두고 한 말이다.

(9)

우리 마음의 본성이 공이므로 우리는 「중생」으로 고정돼 있는 것이 아니고 「보살」도 될 수 있고 「부처」도 될 수 있다. 그러므로 금강경에서 말하듯이 중생은 본질상 「중생」이 아니고 이름일 뿐이다.

「짐승보다 못한 인간」도 그것으로 고정되어 있는 것이 아니고 「부처」도 될 수 있는 잠재력 즉 「불성」을 가지고 있다. 그렇게 되지 못하는 것은 「나」라고 하는 존재는 「나」라고 하는 특성으로 고정되어 있다고 생각하기 때문이다. 「나」라는 것은 「허구의 관념」으로 실체가 없는 공임을 깨치게 되면 진짜 사람 즉 「진인(眞人)」이 될 수 있다.

깨어 있는 마음은 무엇이든 다 아는 전지(全知)의 공덕과 무엇이든 다 창조해낼 수 있는 전능(全能)의 공덕을 갖추고 있다. 전지의 공덕이 불지혜(佛智慧)요 전능의 공덕이 중생을 이롭게 하는 자비(慈悲)이다.

이와 같이 우리의 마음의 본성은 텅 비어 있으면서 무엇이든 다 알고 무엇이든 다 할 수 있는 무한한 힘을 가지고 있다. 그 힘을 오직 자신만을 위해 쓸 것인가 아니면 많은 사람을 위해 쓸 것인가 그것이 문제이다. 많은 사람을 위해 몸과 마음의 힘을 쓰는 사람이 바로 진인이다.

5. 반야심경의 이해

(1)

같은 직장에서 만난 남자와 결혼하여 잘 살고 있는 한 여성이 어느 화창한 봄날 친구들을 만나서 맛있는 점심을 먹고, 이런 저런 얘기를 하며 재미있게 놀다가 집으로 돌아오는 길에 그녀의 남편이 어떤 묘령의 여인과 어떤 호텔을 나오는 것을 목격한다.

그 광경을 보고 큰 충격을 받은 그 여성은 남편이 「바람을 피웠다」고 생각하여 참을 수 없을 정도로 화가 났고, 남편이 직장에서 돌아올 때까지 「온갖 상상과 생각」을 다 하면서 남편에 대한 「증오심」이 더욱 커지게 되었다. 드디어 직장에서 남편이 돌아오자 그녀는 대판 싸우

게 되었고 몇 날 며칠을 고민하고 괴로워하던 두 사람은
급기야 이혼을 하게 되었다.

어떤 직장인은 평소 별로 사이가 좋지 않던 직장 동료
로부터 몹시 「모욕적인 말」을 듣고 크게 기분 나쁘고, 화
가 나서 며칠 밤잠을 설치게 되었고 그 동료를 도저히 용
서 할 수 없을 정도로 「증오」하게 되었다. 그 후부터 그
는 그 동료와 평생 불목하며 서로 원수같이 지내게 되었
다. 그러는 가운데 두 사람 모두 불면, 소화불량, 정서불
안 등의 병을 얻게 되고 큰 고통을 받게 되었다.

갓 시집온 며느리가 마음에 들지 않은 어떤 시어머니
는 며느리에게 "너는 친정에서 그렇게밖에 못 배웠니?"
하고 나무랐다. 그 며느리는 그 말을 그녀가 지금까지
들은 말 중 「가장 모욕적인 말」이라고 생각하고, 아주
오랫동안 시어머니를 마음속으로 「원수」같이 생각하게
되었다. 그것을 계기로 고부 간의 갈등은 심화되었고 시
어머니도 며느리도 말할 수 없는 괴로움과 고통을 받게
되었다.

이러한 사례는 우리가 일상생활 속에서 자주 경험할 수 있는 일들이다. 우리가 이 세상을 살면서 「괴로움」과 「즐거움」을 경험하는 것은 「나」가 「대상」에 대하여 눈으로 보고, 귀로 듣고, 코로 냄새 맡고, 혀로 맛보고, 몸으로 느끼고, 마음으로 생각하고 인식하고 판단하고 몸과 마음으로 행동하는 것에 지나지 않는다.

간단히 말하면, 「나」가 「대상」에 대하여 인식하고 분별하고 판단하여 행동하고, 그 결과 「즐거움」과 「괴로움」을 「경험」하는 것이다.

「나」라는 것을 좀 더 구체적으로 펼쳐서 보면, 「몸과 마음」으로 구성되어 있고, 몸을 더 펼쳐서 보면 뼈같이 딱딱한 것과 몸의 70%를 구성하는 물과 따뜻한 온기 등으로 구성되어 있다. 이것을 불가에서는 지수화풍(地水火風)의 사대(四大) 즉, 네 가지 요소라 부른다.

「나」가 「대상」에 대하여 경험을 할 때, 제일 먼저 대상을 만나게 되는 문(門)이 바로 눈(眼), 귀(耳), 코(鼻), 혀(舌), 몸(身)이라는 다섯 개의 감각기관이다. 이것들은 사실 몸의 연장으로서 하나로 보면 몸이고 펼쳐서 보면 다섯 개의 감각기관이다.

「나」가 경험을 하는 데는 「몸」뿐만 아니라 「마음」이 있어야 가능하다. 눈으로 여성이란 「대상」을 보고 「예쁘다」고 인식하고, 음식을 「맛있다」고 느끼고 상대가 하는 말이 「모욕적인 말」이라고 판단하는 것은 모두 마음의 작용이다. 이 마음을 불교에서 「의(意)」라 부른다.

그리하여 「나」가 「대상」에 대하여 경험하는 것은 우선 안이비설신의(眼耳鼻舌身意)라는 여섯 개의 「문(門)」 또는 육근(六根)을 통하여 이루어진다고 말할 수 있다. 말하자면 「괴로움」이라는 도적이 들어오는 문이 여섯 개나 되는 셈이다. 그러므로 불교에서는 이 여섯 개의 문을 잘 단속해야 한다고 가르치고, 우리나라 속담에서도 갓 시집간 새색시는 "앞 못 보는 소경 3년, 소리 못 듣는 귀머거리 3년, 말 못하는 벙어리 3년"이라 하여 3년 동안 보지도 말고 듣지도 말고 말하지도 말라고 가르치고 있는 것이다.

(3)

이와 같이 「나」라고 하는 우리의 「몸과 마음」을 「여섯 개의 문」으로 펼쳐 놓았으니, 그에 맞게 「대상」세계도 여섯 가지로 펼쳐 놓아야 이치에 맞기 때문에 대상을 모양[色], 소리[聲], 냄새[香], 맛[味], 촉감[觸], 마음의 대상[法]의 여섯 가지로 펼쳐 놓았다.

이러한 점을 보면 불교는 참으로 논리적이고 과학적이다. 아인슈타인이 "만일 현대의 과학적 수요(modern scientific needs)를 충족시키는 종교가 있다면 그것은 불교일 것이다"라고 말한 것도 이러한 불교의 특징 때문일 것이다.

대상을 여섯 가지로 펼쳐 놓은 것이 색성향미촉법인데 이것을 여섯 가지 티끌 즉 육진(六塵)이라고도 하고 여섯 가지 경계[六境]라고도 부른다. 또 그것들이 우리의 여섯 가지 문을 통해 들어와서 우리의 마음을 훔치고, 마음의 평화를 깨뜨리는 여섯 가지 도적이라는 의미에서 육적(六賊)이라 부른다.

우리가 살면서 경험한다는 것은 여섯 가지 감각과 인

식기관을 통하여 여섯 가지 대상을 우리의 마음이 인식하고 느끼고 생각하는 등의 경험을 하게 되는데, 그 마음의 작용도 여섯 가지로 나누어 대비시켜 놓았다. 눈에 대비하여 안식(眼識), 귀에는 이식, 코에는 비식, 혀에는 설식, 몸에는 신식 그리고 마음에는 의식(意識) 등 여섯 가지를 펼쳐 놓은 것이다.

여섯 가지 감각 및 인식기관인 「안이비설신의」라는 육근(六根)이 여섯 가지 대상인 「색성향미촉법」과 만날 때, 여섯 가지 의식인 「안식, 이식…의식」 등 육식(六識)이 작용하여 기쁨과 슬픔과 괴로움 등 여러 가지 감정을 느끼고 좋은 것, 좋지 않은 것으로 분별하고 판단하며 그러한 인식과 판단을 토대로 여러 가지 행동을 한다. 이것이 우리가 이 세상을 살면서 하는 경험이다.

(4)

이와 같이 육근과 육진과 육식이 만나서 만들어내는 우리의 경험 세계를 육근을 중심으로 안계(眼界), 이계(耳界)…의식계(意識界) 등 여섯 가지로 나눈다. 눈을 통하여

육근…	… 육진 …	…육식…	……경험 세계
안	색	안식	……안계
이	성	이식	……이계
비	향	비식	……비계
설	미	설식	……설계
신	촉	신식	……신계
의	법	의식	……의식계
← 18계 →			
(18가지 경험 세계)			

경험하는 세계를 안계(眼界)라 부르고 의식을 통하여 경험하는 세계를 의식계(意識界)라고 부른다. 그리고 육근, 육진, 육식이 만들어내는 경험 세계를 통틀어 18계라 부른다.

「나」를 둘로 펼치면 「몸과 마음」이고 그것을 보다 넓게 펼치면 육근과 육식이 된다. 그러나 편의에 따라서는 몸과 마음을 색(色), 수(受), 상(想), 행(行), 식(識)의 다섯 가지 요소로 펼친 오온(五蘊)이란 개념을 사용한다. 색은 육체를 말하고 수는 느낌을, 상은 인식기능을, 행은 업을 짓는 의도적 작용을, 그리고 식은 분별기능을 각각 가리킨다.

이와 같은 「나」와 「대상」과 그리고 우리의 경험세계에 관련된 다양한 불교의 용어와 개념들을 잘 알아야 불교의 가르침을 잘 이해할 수 있다.

(5)

서두에 든 사례를 통하여 다시 정리해 보면 다음과 같다. 한 여성인 「나」가 어떤 남자와 묘령의 여인[色]이 호텔에서 나오는 것을 「눈[眼根]」을 통하여 그 남성이 자기의 남편이라고 알아보고[眼識], 처음에는 참으로 「수상한 일」이라고 느끼고[眼界], 집으로 돌아오는 도중에 그리고 돌아와서 남편이 귀가할 때 까지 온갖 생각과 상상을 하면서[意識] 「남편이 바람을 피웠다」고 판단을 한다[意識界].

그러한 판단하에 귀가한 남편과 크게 싸우게 되고 「용서하고 결혼관계를 계속 유지해야 할까?」 아니면 「이혼을 하고 헤어질까?」의 문제를 가지고 몇 날 며칠을 「고민」하고 「괴로워」 한다. 그리고 결국 이혼하기로 작심하고, 이혼하게 되고 이혼하면서 자식의 양육권, 재산의 분할, 위자료 등의 문제를 두고 다시 한 번 남편과 다투게 되고 그 과정에서 또 한 차례의 큰 「고민과 고통」을 경험한다.

(6)

이 일련의 괴로운 경험의 과정을 보면 눈[眼根], 눈의 대상인 색(色), 눈을 통해 들어오는 정보를 인식하는 안식(眼識)과 그 정보를 종합적으로 판단하는 의식(意識)이 모두 등장하여, 인연 따라 각자가 할 역할과 기능을 수행한다. 그 결과로 남편이 바람을 피웠다고 인식하고 판단하고 이혼이라는 큰 「고통」을 경험하게 되었다. 이혼이란 고통의 경험은 「나」라는 「오온」이 「육근」을 통하여 「육경」인 대상에 대해서 「육식(六識)」에 의하여 느끼고, 인식하고, 분별하고, 판단하고 행동한 결과로 생긴 것으로서 「18계」라는 「생활 세계」의 경험인 것이다. 결국 우리가 이 세상에서 살면서 하는 경험은 이 18계를 벗어나지 않는다. 18계가 우리의 경험 세계로서 우리는 그 속에서 희로애락(喜怒哀樂), 노사우비고뇌(老死憂悲苦惱)를 경험하면서 살아간다.

그리고 이렇게 생활 세계에서 경험하는 우리의 「고통」
으로부터 우리가 어떻게 해방되어 궁극적인 마음의 평화
[究竟涅槃]를 얻고 행복하게 살아갈 수 있는가의 문제가
고·집·멸·도의 네 가지 고귀한 진리[四聖諦]와 12연기
법이라는 아함시대의 주된 가르침이고 공(空)을 가르친
반야심경의 주제가 된다.

(7)

이제 반야심경의 가르침을 통하여 우리가 어떻게 「고
통」에서 해방될 수 있는지 그리고 마음의 「평화」를 얻을
수 있는지 그 방법을 배워 보기로 한다.

반야심경은,

관자재보살 행심반야바라밀다시 조견오온개공 도일체
고액(觀自在菩薩 行深般若波羅蜜多時 照見五蘊皆空 度一切苦厄)

즉, 관자재보살은 '반야바라밀다라는 고해를 건너는 지
혜를 깊이 닦을 때 오온이라는 몸과 마음이 모두 공이라
는 것을 깨닫고 일체의 고를 벗어났다'로 시작한다.

이 구절 속에 반야심경의 전체 뜻이 다 들어 있다. 「오
온(五蘊)」이라는 몸과 마음 즉, 「나」는 본성이 텅 빈 공

(空)으로 실체가 없다고 깨달으면 우리가 생활 속에서 경험하는 모든 고통에서 해방되고 마음의 평화, 즉 궁극의 열반(涅槃)을 얻을 수 있다는 것이다.

(8)

그 다음 구절이,

사리자 색불이공 공불이색 색즉시공 공즉시색 수상행식 역부여시(舍利子 色不異空 空不異色 色卽是空 空卽是色 受想行識 亦復如是)이다.

즉, 사리자여 색이 공과 다르지 않고 공이 색과 다르지 않다. 색이 곧 공이요, 공이 곧 색이다. 수상행식도 그와 같다.

앞에서 「오온」인 「나」의 전체가 공이라고 깨달았고 여기에서는 오온의 구성 요소인 색수상행식도 각각 공이라고 깨달은 것이다.

고에서 해방되려면 이처럼 「나」라는 것이 공이라고 철저히 깨쳐야 한다.

9

「나」라고 생각하는 몸과 마음은 색수상행식이라는 다섯 가지 요소의 인연화합체인 연기적 존재로서 그 본성이 텅 빈 공이라는 것이다. 본성이 빈 공이라는 말은 변함없는 나만의 독특한 본질이 없다는 뜻이다. 그것을 무아(無我)요, 무자성(無自性)이라고 부른다.

오온이란 나의 몸과 마음은 육신[色]과 느낌[受]과 인식 기능[想]과 업을 짓는 기능[行]과 분별의 기능[識]이 인연 화합하여 생긴 구성체로서 그것을 그 다섯 가지 요소 즉, 색수상행식으로 각각 분해하면 「나」라고 할 것이 아무것도 없다는 뜻이다. 뿐만 아니라 그 각각의 요소 하나하나도 본성이 비어서 공이라는 것이다. 몸[色]도 인연화합체이므로 공이요, 느낌인 수도, 인식도, 행도, 식도 각각 그 본성이 텅 빈 공이라고 깨달아야 한다.

비유를 통하여 이것을 좀 더 알아보기로 한다. 물은 수소원자와 산소원자의 인연화합물이다. 불교식 표현을 빌

리면 물이란 산소와 수소의 두 가지 요소가 인연화합한 것으로 「이온(二蘊)」이다. 과학자들은 물의 본질을 알기 위하여 물을 산소와 수소로 분해하여 본다. 물의 본질이 변함없는 독특한 실체라면 산소와 수소로 분해하더라도 존재해야 하지만 그렇게 분해하고 보면 「물이라는 것」 즉, 물의 본질은 없다. 그렇기 때문에 산소를 먹어도 수소를 먹어도 갈증은 해소되지 않는다. 그러므로 「이온」이 모두 공이다. 그리고 산소도 수소도 그것을 구성하는 미립자로 쪼개고 보니 산소의 본질도 공이요, 수소의 본질도 공이다. 그러므로 산소가 공과 다르지 않고 수소가 공과 다르지 않다. 산소가 곧 공이요, 공이 곧 산소이다. 수소도 마찬가지이다.

(11)

색(色)이란 우리의 몸, 즉 육체라는 물질을 말한다. 몸이란 물질이 공이란 것은 몸의 본질이 공이란 뜻이고, 공이 곧 몸이란 것은 공이라는 것의 본질이 곧 몸이라는 것이다. 물질과 본질은 이처럼 떼려해도 뗄 수 없는 관계로서 본질이 나타난 것이 물질인 현상이요, 현상은 본질상

68

공이란 것이다. 바다의 표면에 일어나는 파도라는 물질적 현상은 바닷물이라는 본질의 표현으로서 바닷물과 다르지 않다. 파도가 곧 바닷물이요, 바닷물이 곧 파도이다. 이러한 이치를 깨치지 못한 보통사람들은 사물과 현상을 보면 그 외관상의 모양과 특징만 보고 분별하고 그것에 집착한다. 그러나 이러한 이치를 깨친 사람은 사물이 무지개처럼 실체가 없는 공허한 것이라고 알고, 허망한 분별을 하지 않고 그에 집착하지 않는다. 그는 까마귀가 흉한 새라고 기피하지도 않고 까치가 길조라고 특별히 좋아하고 집착하지도 않는다.

(12)

다음 구절이,

사리자 시제법공상 불생불멸 불구부정 부증불감(舍利子 是諸法空相 不生不滅 不垢不淨 不增不減)이다.

사리자여, 이 모든 현상의 공한 모습은 생겨나지도 아니하고 소멸하지도 아니하고, 더럽지도 아니하고 깨끗하지도 아니하고, 증가하지도 아니하고 감소하지도 아니한다.

모든 사물의 본성은 생도 사도 없고 더러움도 깨끗함도 없고 느는 것도 감소함도 없다는 뜻이다. 바다의 파도는 잠시 생겨났다 소멸하지만 파도의 바닷물은 생멸(生滅)이 없이 항상 그 모습 그대로이고 이 성질 그대로이다. 이러한 상태를 여여(如如)하다고 한다. 몸이란 물질도 마음도 모두 그 본성이 공하므로 본성에서 보면 생멸이 없는 여여한 상태이다. 우리의 육신은 태어나서 살다가 죽어서 없어진다. 그러나 본성은 불생불멸이므로 나고 죽는 것이 없다. 이것을 철저히 깨달으면 죽음을 두려워하지 않는다. 수행하여 크게 깨달은 스님들이 죽는 것을 옷 갈아입는 것 정도로 생각하는 것은 다 이 때문이다.

(13)

일체 모든 것이 공한 모습은 너와 나의 대립이 없는 모습이다. 모든 상대가 끊어져 없는 자리, 절대의 자리 그것이 진정한 공의 모습이다. 그곳에는 생사도 없고 더러움과 깨끗함도 없고 아름다움과 추함도 없고 무명과 깨침도 없고 중생과 부처도 없다. 나도 없고 대상도 없고 모든 것을 두 가지로 나누어 분별하는 것이 없다. 이러한

모습이 바로 둘 아닌 것[不二齒]의 모습이며, 반야지혜 즉
반야바라밀다의 모습이다.

(14)

시고 공중무색 무수상행식 무안이비설신의 무색성향
미촉법 무안계 내지 무의식계(是故 空中無色 無受想行識 無
眼耳鼻舌身意 無色聲香味觸法 無眼界 乃至 無意識界)가 그 다음
구절로서 그러므로 공한 가운데서는 몸, 느낌, 인식 기능,
업 짓는 기능, 분별 기능의 오온이 없고[無色 無受想行識],
눈, 귀, 코, 혀 등의 여섯 가지 감각 및 인식기관(六根)도
없고[無眼耳鼻舌身意], 모양, 소리, 냄새, 맛, 촉감, 분별의
대상[六塵]도 없고[無色聲香味觸法], 육근과 육진(六塵) 그리
고 육식(六識)의 만남으로 생기는 눈의 경험 세계 즉 안계
(眼界) 내지 마음의 경험세계 즉 의식계(意識界)도 없다는
것이다.

「색수상행식」의 오온 즉 「나」라는 경험의 주체가 본질
상 공하여 실체가 없으니 「무색무수상행식」이라 하였고,
몸과 마음이 실체가 없으니 「나」라는 몸에 부속되어 있
는 눈, 귀, 코, 혀 등의 감각기관과 마음의 기능이 본질상

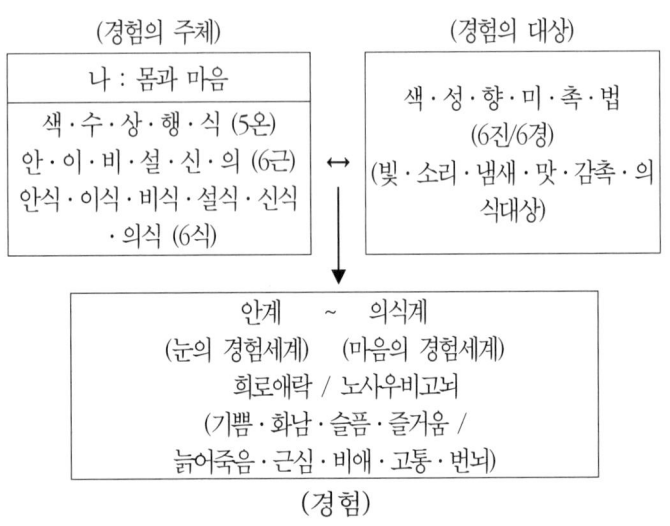

〈오온·18계 〉

(경험의 주체)

| 나 : 몸과 마음 |
| 색·수·상·행·식 (5온) 안·이·비·설·신·의 (6근) 안식·이식·비식·설식·신식 ·의식 (6식) |

(경험의 대상)

| 색·성·향·미·촉·법 (6진/6경) (빛·소리·냄새·맛·감촉·의 식대상) |

↔

↓

안계 ~ 의식계
(눈의 경험세계) (마음의 경험세계)
희로애락 / 노사우비고뇌
(기쁨·화남·슬픔·즐거움 /
늙어죽음·근심·비애·고통·번뇌)

(경험)

있을 수 없다. 그러므로 「무안이비설신의」라 하였다.

(15)

경험의 주체가 부정되었으니 당연히 경험의 대상이 부
정되어야 이치에 맞는다. 색성향미촉법 즉 여섯 가지 경
계(六境 또는 六塵)인 경험의 대상 역시 인연화합체로서 연
기적 존재이므로 그 본질이 모두 공하다. 그러므로 이러
한 경험의 대상은 모두 실체가 없다. 따라서 「무색성향

미촉법(無色聲香味觸法)」이라고 부정한 것이다. 색성향미
촉법이라는 경험 대상도 모두 그 본성이 비어서 독특한
자성이 없고 실체적 존재가 아니다.

(16)

이와 같이 경험의 주체와 경험의 대상이 모두 실체가
없는 것으로 부정되었으니 그것에 따른 경험 세계 역시
부정된다. 경험하는 「나」가 없고 경험의 「대상」이 없는
데 무슨 「경험」이 있을 수 있겠는가. 그러므로 눈으로 경
험하는 세계 즉 「안계도 없고[無眼界]」, 마음으로 경험하
는 세계 즉 「의식계도 없다[無意識界]」고 한 것이다. 이로
써 「오온 18계」가 모두 부정되었다.

이제 「나」도 없고 「대상」도 없고 눈, 귀, 코, 혀 등 그
대상을 느끼고 인식하는 기관인 「육근(六根)」도 없고 분
별하고 생각하며 판단하는 「육식(六識)」도 모두 본질상
없으니 그것들을 통해 이루어지는 노사우비고뇌(老死憂悲
苦惱)와 희로애락(喜怒哀樂) 등의 「경험」도 없게 된다. 한
마디로 말하면 경험의 주체인 「나」도 없고 경험의 대상
인 「대상」도 없으니 당연히 「경험」 그 자체도 있을 수

없다.

그렇기 때문에 무무명 역무무명진 내지 무노사 역무
노사진 무고집멸도 무지 역무득(無無明 亦無無明盡 乃至 無
老死 亦無老死盡 無苦集滅道 無智 亦無得)이라고 한 것이다.
이것은 무명도 없고 무명이 다하여 소멸함도 없으며,
늙어 죽는 것도 없고 늙어 죽는 것이 다하여 없어지는
것도 없다는 뜻이고, 고와 고의 원인 그리고 고의 원인
의 제거와 고를 제거하는 도가 모두 없다는 뜻이며, 지
혜도 없고 얻을 바도 없다는 뜻이다. 이 구절은 결국
부처님께서 성도 후 처음 가르치신 「12연기법」과 「네
가지 성스러운 진리」를 모두 부정한 것이다.

(18)

12연기법(十二緣起法)은 무명에 인연하여 행이 있고[無
明緣行], 행에 인연하여 식이 있고[行緣識], 식에 인연하여
명색이 있고[識緣名色]… 유에 인연하여 생이 있고[有緣生],

생에 인연하여 노사우비고뇌가 있다[生緣老死憂悲苦惱]. 그리고 무명이 소멸하면 행이 멸하고[無明滅則行滅] 행이 멸하면 식이 멸하고[行滅則識滅]… 생이 멸하면 노사우비고뇌가 멸한다[生滅則老死憂悲苦惱滅]는 12단계의 인연관계로 표시된다.

반야심경에서는 무명이 없어진다는 것, 즉 무명멸(無明滅)을 무명진(無明盡)으로 쓰고 있지만 같은 뜻이다. 이 12연기법은 무명이 있고 태어남도 있고 그 결과로 늙어 죽는 것도 있다는 것을 전제로 하고 있다. 그러므로 무명이 없어지면 태어남이 없어지고 태어남이 없어지면 늙어 죽는 것도 없어진다.

(19)

12연기법이 전제로 한 무명이 「있다」는 것을 부정하여 반야심경은 무명이 없다 즉, 무무명(無無明)이라고 하였고, 12연기법의 무명이 「없다」는 것을 부정하여 반야심경은 무명이 없어지는 것이 없다 즉, 무무명진(無無明盡)이라고 하였다. 그것은 마치 촛불이 있다는 것을 전제로 촛불을 끈다고 말하는 데 대하여 촛불이 본래부터 없으니, 촛불을 끈다는 것도 없다고 말하는 것과 같다. 촛불 자체가 본래 없으니, 촛불을 꺼서 없어지는 것 역시 당연히 없는 것처럼 무명이 본래 없으니, 무명이 다하여 없어지는 것도 당연히 없는 것이다. 태어나는 것이 본래 없으니 늙어 죽는 것도 당연히 없고 늙어 죽는 것이 없으므로 늙어 죽는 것이 다하여 없어지는 것도 당연히 없는 것이다.

무명도 태어남도 늙어 죽는 것도 모두 본래 없는데 본래 없는 것들을 어떻게 또 없애겠는가. 그것을 무무명(無無明) 역 무무명진(亦無無明盡) 내지 무노사(無老死) 역 무노사진(亦無老死盡)이라고 한 것이다.

(20)

보통사람들은 「나」도 있고 「대상」도 있고 근심과 걱정 그리고 늙어서 죽는 고통 등의 「경험」도 확실히 있다고 생각한다. 그러나 「나」도 「대상」도 그리고 「경험」도 모두 공이라는 반야심경의 입장에서는 나도 없고 대상도 없고 경험도 모두 공하여 실체가 없다. 오온 18계가 모두 공하여 없다. 그러므로 우리가 이 세상에 몸과 마음을 가지고 태어나는 일도 없고 경험의 대상인 삼라만상도 없고 그것을 상대로 하는 경험도 없다. 이러한 모든 것의 근본 원인인 무명(無明)도 없다. 이와 같이 근본 원인과 그 결과인 늙어 죽는 것이 모두 없다. 근본 원인인 무명이 없으니 무무명(無無明)이요 그 결과로 늙어 죽는 것이 없으니 무노사(無老死)이다.

(21)

경험의 주체인 「나」가 있고 「대상」도 있고 「경험」이 있다는 세속적인 시각에서 본다면 근본 원인인 무명이 소멸하면 12연기법이라는 인과관계에 따라 당연히 늙어 죽는 것 즉, 노사(老死)라는 경험이 없어진다. 그것을 나타내는 말이 무명진(無明盡) 즉 무명이 다하여 없어진다는 구절이고, 노사진(老死盡) 즉 늙어 죽는 것이 다하여 없어진다는 구절이다. 무명이 소멸하면[無明盡] 늙어 죽는 것이 소멸한다[老死盡]. 그런데 경험의 주체도 대상도 경험도 모두 공하여 실체가 없다는 반야심경의 입장에서 보면 본래부터 무명도 없고 늙어 죽는 것도 없는데 그 없는 것을 「없애는 것」 없는 것을 「소멸시키는 것」

이 있을 수 없는 것이다. 촛불이 있어야 촛불을 끄는 것이 있을 수 있지 촛불이 본래부터 없는데 어떻게 촛불을 끄는 일이 있겠는가. 본래부터 「무명」도 없고 「노사」도 없으므로 즉, 무무명(無無明)이요, 무노사(無老死)이므로 무명이 없어지는 것도 없고 늙어 죽는 것이 없어지는 것도 없다. 즉, 무무명진(無無明盡)이요, 무노사진(無老死盡)이 되는 것이다. 이것이 모든 것을 공으로 보는 반야심경의 입장이다.

(22)

「있다」「없다」, 「이다」「아니다」라고 다투는 일은 우리의 일상생활에서 자주 보는 일이다. 저 여인은 「미인이다」「미인이 아니다」, 이 집 칼국수는 「맛있다」「맛없다」, 까마귀는 「불길한 새다」「불길한 새가 아니다」하고 서로 주장하며 다투고, 그것이 저 사람은 「종북좌파다」「종북좌파가 아니다」와 같이 신념이나 이해관계나 자존심에 관계된 일이면 죽기 살기로 싸우게 된다. 그러나 「나」도 공이요 「삼라만상」도 공이요, 그것에 대한 우리의 모든 「경험」도 「공」이라는 반야심경의 입장에서는 그러한 시비는 사실 무의미한 것이다. 「여인」
자체가 본래 없고 분별하는 「나」도 본래 없는데 그 없
는 존재를 놓고 미인이니 아니니 따지고 다투는 것이 무
슨 의미가 있겠는가. 국수 자체가 없는데 무슨 맛이 있
느니 없느니 분별하고 시비할 일이 있겠으며, 까마귀 자
체가 본래 공하여 없는데 없는 것을 두고 흉한 새니 흉
한 새가 아니니 하고 다투는 것이 무슨 의미가 있겠는
가. 그것들은 모두 한낱 잠꼬대일 뿐이다. 이것이 절대
공의 입장이요, 중도실상의 입장이요, 반야바라밀다 즉
반야지혜의 입장이다.

(23)

그것은 마치 돌로 만든 여자[石女]가 아이를 낳는 일이
고 나무로 만든 사람[木人]이 춤을 추는 것과 같다. 승조
가 참수대에 목을 맡기고 "칼로 봄바람을 베는 것 같도
다" 하고 노래하는 그 마음이다.

어느 날 5조 홍인대사 문하에서 오랫동안 공부하여 그
의 법을 전수 받을 것이라고 촉망받던 제자 신수는 스승
의 재촉을 받고 그의 수행정도를 밝히는 게송을 써서 벽

에 붙였다. 우리의 몸은 깨달음의 나무요 마음은 거울이므로 부지런히 닦고 경계하여 세속의 때에 더럽혀지지 않게 해야 한다는 것이 그의 게송의 요지였다. 이것을 본 혜능은

"이 몸은 보리수가 아니고

마음 또한 거울이 아니네.

본래 한 물건도 없거니

어디에 티끌이 묻겠는가"

라는 게송을 그 옆에 붙여 놓았다.

그의 게송은 본래 한 물건도 없는데[本來無一物], 몸과 마음이 어디 있으며 거울과 때가 본래 없는데 무엇을 닦는단 말이냐는 뜻이다. 신수의 게송은 「나」와 「대상」과 「경험」이 있다는 것을 전제로 하고 있는 데 반하여 혜능은 일체가 공이므로 나도 대상도 경험도 없으므로 거울도 없고 때도 없는데 무엇을 닦는다는 것인가라는 입장이다. 혜능의 게송은 공을 철저히 깨치고 있음을 보여주고 있다. 이것을 본 5조 홍인대사는 그의 문하에 들어온 지 1년도 안 된 신참 혜능을 한밤중에 아무도 모르게 불러 그에게 의발을 전수하고 6조로 인가하였다.

(24)

절간에서 고양이 한 마리를 놓고 스님들이 동서 진영으로 갈라져서 서로 자기들의 고양이라고 다투고 있는 것을 본 남전보원 선사는 고양이의 목을 잡고 "누구든 바른말을 하면 이 고양이 목숨을 살려 주겠다. 말해보라" 하고 다그쳤는데 아무도 대답하는 스님이 없었다. 그러자 남전 선사는 가차 없이 칼로 고양이 목을 쳤다. 이것이 유명한 「남전참묘」의 화두이다. 고양이가 있다고 생각하고 내 것이니 네 것이니 서로 싸우는데 칼로 그 고양이 목을 쳐 없애 버리니 "없는 고양이"를 놓고 더 이상 내 것 네 것 하고 시비할 일이 없어졌다. 남전은 말없이 행동으로 반야심경의 「공」을 스님들에게 가르쳐 준 것이다.

(25)

법화경 제바달다품에서 용왕의 딸 용녀가 많은 청법대중이 보는 앞에서 즉시 「남자」로 변하여 성불하는 것을 보여주고 있는데, 그것은 「여자는 본래 성불할 수 없다」는 사리불의 잘못된 생각을 일깨워 주기 위한 것이었다.

문수보살로부터 「일체가 공(空)이다」라는 묘법연화경의 가르침을 받고 공을 깨친 용녀는 「여성」이란 것이 본질상 공으로 없는 것이요 본래 「사람」 자체가 공하여 없는데 그 없는 사람을 두고 「남자」니 「여자」니 분별하는 것은 한낱 잠꼬대일 뿐임을 보여준다.

이러한 장면은 유마경 관중생품(觀衆生品)에서도 보게 된다. 유마거사를 문병하기 위하여 사리불 등 부처님 제자들이 모인 거사의 방에 천녀(天女)가 꽃을 뿌리며 나타났다. 뿌린 꽃이 유독 사리불에게서는 떨어지지 않고 그대로 남아 있자, 그것이 「법답지 않다」고 생각하고 그것을 떼어내려고 애쓰는 사리불에게 "그대에게 분별하는 마음이 있으므로 그 꽃이 떨어지지 않소"하고 지적하는 천녀에게 사리불이 말한다.

"왜 여자의 몸을 (남자로) 바꾸지 않는가?"

천녀가 대답한다.

"지난 12년 동안 「여자」를 찾아보았지만 찾을 수 없었는데 그 없는 「여자」의 몸을 바꾸라고 하는가? 그것은 마술사가 마술로 만든 여인과 같소. 모든 현상은 공하여 실재하지 않소. 그런데 왜 나에게 실재하지 않는 「여인」을 바꾸라고 요구하는가?"

이렇게 말하면서 천녀는 신통력으로 사리불을 여자의 몸으로 바꾸어 놓고 되물었다.

"왜 여자의 몸을 바꾸지 않는가?"

당황해 마지않는 사리불에게 천녀가 말한다.

"여자가 아니지만 여성의 몸을 나타내고 있는 사리불처럼 모든 여성은 「여자」의 몸을 나타내고 있지만 그들의 본성은 여자가 아니라오. 그러므로 부처님께서 '모든 것은 남성도 아니요 여성도 아니다'고 말씀하셨소."

이 말과 함께 사리불을 남자로 바꾸어 놓고 천녀가 다시 물었다.

"당신의 여자 몸은 이제 어데 있소?"

"여자의 형상은 있지도 않고 없지도 않소." 하고 사리불이 대답한다.

사리불은 이제서야 공을 깨치게 되었다. 천녀의 설법은 계속된다.

"마찬가지로 삼라만상은 존재하는 것도 아니고 존재하지 않는 것도 아니다. 이것이 부처님의 가르침이다."

공을 깨치게 되면 공의 본성이 물도 되고 구름도 되고 남자의 형상으로 나타나기도 하고 여자의 형상으로 나타나기도 함을 알게 된다. 공은 텅 비어 있으므로 무엇이든지 될 수 있는 무한한 잠재력이요 가능성이다. 그것이 다양한 모습으로 나타나면 우리가 보는 천차만별의 삼라만상이 되고, 그 삼라만상이 곧 공이다.

「사과」와 「배」를 분자 이하의 미립자 수준에서 보면 사과와 배의 특성을 찾을 수 없듯이, 남성과 여성도 「X」와 「Y」염색체 이하의 수준, 원자 이하의 미립자 수준에서는 찾을 수 없다. 과학이 발달하지 않은 부처님 재세시에는 과학적 분석이 아닌 「직관」과 「신통력」 또는 「비유」를 통해 진리를 가르치고 또 깨우쳤다.

(26)

범부중생들은 「있다」는 생각에 꽉 잡혀 있다. 「나」도 있고 「고」도 있고 「무명」도 있다고 생각한다. 그 있다는 잘못된 생각을 고치기 위해 반야심경은 「나」도 없고 「고」도 없고 「무명」도 없고 「늙어 죽는 것」도 없다고 하였다. 오온 18계가 모두 공이기 때문이다. 그것이 무무명(無無明) 무노사(無老死)다. 「있다」는 것을 부정하면 「있다」와 「없다」의 이분법(二分法)에 빠져 있는 보통사람들은 모든 것이 「없다」는 것이 진실이라 믿는다. 그러므로 반야지혜를 가르치는 반야심경은 다시 「없다」는 것을 부정하여 무명이 없는 것도 없고, 늙어 죽는 것이 없는 것도 없다고 한다. 그것이 무무명진(無無明盡)이고 무노사진(無老死盡)이다. 이렇게 하여 「있다」와 「없다」 두 가지 분별을 다 버리게 한다. 이것이 중도(中道)요, 반야지혜이다. 반야지혜를 절대공의 지혜, 둘이 없는 지혜 즉 무이지(無二智) 또는 분별이 없는 지혜 즉 무분별지(無分別智)라고 부르는 이유이다. 절대진리(絶對眞理)는 「있다」 「없다」의 상대를 떠난 문자 그대로 상대적 대립[對]이 끊어진[絶] 진리이다.

무지개를 지상에서 보면 반원 모양이지만 하늘에서 보면 둥근 원의 모양이라고 한다. 무지개는 「반원이다」는 것이 절대적 진리가 아니므로 무지개는 「반원이 아니다」라고 부정해야 하지만 「반원이 아니다」도 진리가 아니므로 무지개는 「반원도 아니고, 반원 아닌 것도 아니다」라고밖에 말할 수 없다. 이것이 바로 중도의 입장이다.

(27)

12연기법의 부정과 같은 맥락에서 초기의 가르침인 네가지 진리도 부정하여 무고집멸도(無苦集滅道)라 하였다.

모든 것이 고(苦)이고 고에는 원인이 있고[集] 원인이 소멸하면 고가 소멸하고[滅] 고를 소멸시키는 길[道]이 있다는 네 가지 진리의 가르침도 반야심경에서는 부정된다. 경험의 주체인 「나」도 공이요, 경험의 「대상」도 공이요, 「경험」 자체도 공으로서 모두 실체적 존재가 없는데 거기에 어떻게 「고」라는 경험이 있으며, 고가 없는데 고의 원인과 그것을 소멸시키는 길이 있을 자리가 있겠는가. 그러므로 무고집멸도라 한 것이다.

(28)

이와 같이 붓다께서 초기에 가르친 12연기법과 네 가지 진리는 반야심경에 와서 모두 부정된다. 그 이유는 두 가지 가르침이 「나」라는 경험의 주체와 「대상」이 모두 있다는 것을 전제로 한 것이기 때문이다. 「나」나 「대상」이 존재하는 한 고통을 완전히 제거하는 것은 불가능하다. 그리하여 반야심경은 완전한 고의 제거를 위해 「나」와 「대상」과 「경험」을 모두 부정한 것이다. 그러면 붓다께서 처음에 왜 이처럼 불완전한 고의 제거법을 가르쳤는가 하는 것이다.

그것은 그러한 가르침을 받는 초기의 제자들이 반야심경과 같은 높은 수준의 가르침을 받아들일 준비가 안 되었기 때문이다. 그것은 초등학생에게 바로 고등수학을 가르칠 수 없는 것과 같은 것이다.

(29)

이어서 반야심경은 무지역무득(無智亦無得)이라고 하여 지혜도 없고 얻을 바도 없다고 하였다. 반야심경은 고해인 차안(此岸)에서 평화의 땅인 피안(彼岸)에 이르는 「지혜」, 즉 「반야바라밀다」의 수행법을 가르치고 있는데 「지혜도 없고 얻을 바도 없다」고 하니 일견 모순된 가르침같이 보인다. 그러나 모순되는 것은 아니다. 지금까지 반야심경의 가르침은 모든 것은 연기적 존재로서 모두 공이기 때문에 「나」도 없고 「대상」도 없고 「경험」도 모두 없다는 것이다. 모든 것이 공하다고 깨치고 우리 마음에서 특히 심층의 마음인 아뢰야식에 씨앗으로 저장된 모든 분별의 상을 다 비우고 또 비워서 텅 빈 허공 같은 마음이 되게 하는 것이 바로 반야바라밀다 수행이다. 한마디로 말하면 반야심경은 「무심도인(無心道人)」이 되는 공부이다. 마음에 아무런 생각의 상과 분별의 상이 없을 때 우리의 본성인 「묘하게 깨달은 밝음 그 자체[妙覺明體]」가 드러나고 그 밝은 마음이 바로 반야지혜이다. 주체도 대상도 없는 불이(不二)의 지혜요 절대공의 지혜요 지혜 아닌 지혜이다.

구름이 걷히면 본래 하늘에 있던 해가 자연히 드러나듯이 마음을 비우고 또 비우면 분별의 상(相)이라는 구름에 가려 있던 밝은 마음이 자연히 드러나는 것이다. 그렇게 드러난 밝은 마음을 반야지혜라고 부를 뿐이다.

주체도 없고 대상도 없는데 「누가」, 「무엇」을 얻는 것이 있을 수 있겠는가. 그러므로 얻을 것이 없다고 한 것이다. 얻을 대상이 있으면 얻는 자가 있게 되는데, 오온 18계가 모두 공이라고 깨쳐 주체인 「나」도 없고 「대상」도 없으니 당연히 「얻을 것」이 없다.

(30)

우리의 마음은 본래부터 「깨어 있는 밝은 마음」으로 텅 빈 「절대공의 마음」이다. 그 마음은 본래부터 무엇이든 다 아는 「지혜의 마음」이요 중생을 위하여 무엇이든 다 하는 「자비의 마음」이다. 밝게 비춤과 따뜻함이 태양의 공능이듯이, 지혜와 자비는 본래부터 묘하게 깨친 밝은 마음의 공능이요 덕성이다. 그러므로 전도망상과 분별의 상을 우리의 마음에서 비우고 또 비워서 본래의 절대공(絕對空)의 상태로 돌아가면, 마치 구름이 걷히면 자연히 밝은 해가 드러나듯이 그때 비로소 본래부터 있는 밝은 마음이라는 지혜와 자비가 저절로 드러나는 것이다. 그것을 반야심경은 「반야바라밀다」, 즉 「반야지혜」라고 부르고 있다. 그 지혜는 본래부터 있는 지혜이니 자연히 드러나는 지혜이고 무슨 새롭게 「얻는 지혜」가 아니다. 얻는 지혜가 없다는 뜻으로 지혜가 없다고 무지(無智)라 하고, 얻을 것이 없다는 뜻으로 무득(無得)이라 한 것이다. 본래부터 깨어 있는 밝은 마음이니 무명(無明) 또한 본래 없는 것이다. 그러므로 무무명(無無明)이라 했고, 본래 무명이 없으니 무명을 없애는 것도 없어서 무무명진(無無明盡)이라 한 것이다. 본래 없는 여인을 두고 「미인이다」「아니다」 하는 것은 「잠꼬대」이듯이 본래 없는 무명을 두고 「있다」「없다」 하는 것 역시 「잠꼬대」일 뿐이다. 본래부터 있는 지혜를 두고 지혜를 「얻는다」「얻지 못한다」 하는 것 역시 「잠꼬대」일 뿐이다. 지혜는 얻는 것이라고 보통 중생들이 생각하므로 얻는 지혜는 없다는 뜻으로 무지라고 하였을 뿐이다.

　절대공의 마음자리는 「있다」「없다」가 붙을 곳이 없는 자리요, 본래 한 물건도 없으니[本來無一物] 무명이니 지혜니 하는 말도 붙을 자리가 없는 곳이다. 그러므로 법화경 안락행품에서 삼라만상이 허공같이 비어서 본질상 있다고 할 것이 없고 「일체의 말길이 끊어져[一切語言道斷] 실로 있다고 할 것이 없지만」 다만 인연 따라 있게 되고 전도되어 생긴 것이라고 설한 것처럼 무명이니 지혜니 분별의 언어를 쓸 곳도 아니지만, 모든 것을 두 가지로 나누어서 인식하고 생각하는 생활 세계의 사람들을 교화하자니 자연히 그들이 쓰는 분별의 언어를 「방편」으로 쓸 수밖에 없는 것이다. 이 점을 주의하지 않으면 혼동하고 말의 늪에 빠져 헤어나지 못하게 된다.

　「말」이라는 「손」을 보지 말고 「말」이 가리키는 「뜻」 즉 「달」을 바로 보아야 한다. 그러므로 손으로 달을 가리키면 곧바로 달을 보아야지 가리키는 손을 보아서는 안 된다고 하는 것이다.

(31)

이무소득고(以無所得故) 보리살타 의반야바라밀다고 심무가애(心無罣碍) 무가애고 무유공포(無有恐怖)라는 것은 얻을 바가 없기 때문에 보살은 반야지에 의지하여 마음에 거리낄 것이 없이 자유자재한 마음이 되고 자유자재의 마음이므로 두려움이 없다는 뜻이다.

마음을 다 비워서 나도 없고 대상도 없는데 「누가」, 「무엇」을 두려워하겠는가. 「나」가 있을 때 「나」에게 무슨 불길한 큰일이 일어나지 않을까 하고 불안하고 두려운 것이지 「나」도 없고 불안과 두려움을 줄 「대상」도 없는데 무슨 「공포」가 있겠는가. 그러므로 무유공포라고 한 것이다.

(32)

이와 같이 마음에서 모든 분별의식과 분별망상을 다 비우고 또 비워서 절대공의 상태, 절대무심의 상태에 이르면 「나」도 없고 「대상」도 없고 「경험」도 없으니 이것이 「나」에게 유리할 것인가 불리할 것인가, 저것이 옳은

〈반야바라밀다 수행〉

수행	1 단계	· 「나」가 공임을 깨침(오온개공 : 아공) · 「삼라만상」이 공임을 깨침(제법공상 : 법공)	공을 깨치는 단계
	2 단계	· 마음에서 「나」라는 관념 제거 : 무아상(無我相) · 마음에서 「대상」이라는 관념 제거 : 무법상(無法相) · 마음에서 「경험」의 관념 제거 : 무안계~무의식계 무무명 역무무명진 내지 무노사 역무노사진 (12연기법의 제거) 무고·집·멸·도(사성제의 제거) 무지 역무득	마음 비우기 단계
	3 단계	· 걸림 없는 마음이 되어 두려움이 없음 · 전도 망상을 멀리 떠남	마음 비우기의 완성 공의 마음과 반야지혜의 완성
수행의 과보		· 구경열반 · 아뇩다라삼먁삼보리 얻음 · 능히 모든 고통을 제거함	고(苦)가 생기지 않음으로 고가 없음(無苦)

것인가 아니면 이것이 옳은 것인가 요량하고 분별하여 따지는 마음이 없게 된다. 그때 비로소 「나」가 없는데 「나」가 있다고 생각하고, 모든 것이 무상한데 영원하다고 생각하고, 실체성이 없는 대상이 실체적으로 존재한다고 생각하는 등 「거꾸로 된 분별 망상」을 멀리 떠나게 되어 근심 걱정과 두려움과 고통이 없는 궁극적인 마음의 평화[究竟涅槃]를 얻게 된다. 그러므로 원리전도몽상 구경열반(遠離顚倒夢想 究竟涅槃)이라 했다. 그리고 삼세의 모든 부처님들은 이 반야지혜를 얻어 무상의 바른 깨달음을 이루었다.

(33)

그러므로 우리는 이 「반야(바라밀다」가 신통한 진리의 말이며, 더 이상 위가 없는 진언(眞言)으로 능히 일체의 고통을 제거해 주는 것[能除 一切苦]임을 알아야 한다. 따라서 끝으로 「아제 아제 바라아제 바라승아제 모지 사바하」라는 주문을 설하며 반야심경은 끝난다.

반야심경은 매우 짧지만 그 뜻은 매우 깊은 경전이다. 반야심경의 가르침을 확실히 알고 일체가 공임을 깨치면 능히 모든 고통에서 해방되고 마음의 평화를 얻을 수 있다.

(34)

　그런데 누구나 다 공을 철저히 깨칠 수 있는 것은 아니다. 수승한 근기의 수행자만이 그러한 경지에 갈 수 있다. 그러므로 혼자 힘으로 그러한 경지에 갈 수 없거나 다른 여러 가지 이유로 그것이 불가능하다고 생각되면 법화경으로 들어오면 된다. 법화경을 수지 독송하고 해설 서사하면 「법화경」이 능히 모든 중생으로 하여금 모든 고통에서 벗어나게 해 준다고 부처님께서 말씀하셨다. 혼자서 에베레스트 정상에 갈 수 없다면 헬리콥터를 타고 가면 될 일이다. 정상에 가는 것이 중요하지 어떤 방법으로 가느냐가 중요한 것은 아니다. 목적지에 가는 보다 쉬운 길이 있다면 우리는 그 길로 가야 한다.

6. 금강경의 가르침

　금강경은 붓다의 제자 수보리의 질문으로 시작된다. 공(空)을 제일 잘 안다는 수보리는 붓다에게 "최고의 깨달음을 얻고자 하는 수행자는 어떠한 마음가짐을 가지고 어떻게 자기 마음을 항복 받아야 하겠습니까" 하고 예절을 갖추어 아주 공손히 질문한다.

　붓다는 이렇게 하라고 대답하신다. "수행자인 보살은 일체 모든 종류의 중생을 고통에서 구하여 남음 없이 완전한 마음의 평화(열반)을 얻도록 하겠다는 마음으로 마음을 조복(調伏)해야 한다. 그러나 이와 같이 모든 중생을 제도하여 마음의 평화를 얻도록 한다고 하지만 사실은 제도할 「중생」은 없다. 수행자가 「나」라는 관념[我相], 중생이라는 관념[衆生相] 등의 고정관념과 분별의 상(相)을 가지고 있으면 그는 보살이라는 수행자가 아니다." 깨치고자 하는 수행자 그리고 남을 고통에서 제도하려는 수행자는 「나」라는 아상(我相)과 중생이라는 상[衆生相] 등 모든 분별의 상을 표면의 마음에서는 말할 것도 없고 저 심층에 있는 무의식의 마음에서까지 말끔히 비운 사람이어야 한다. 후세의 수행자들이 대승의 올바른 기본적 가르침[大乘正宗分]이라고 부르고 있는 이 부분의 가르침에 금강경의 전체 뜻과 핵심이 다 드러나 있다.

이 핵심적 가르침은 몇 가지로 나누어 볼 수 있다.

첫째로 고로부터의 해방과 궁극적 깨달음을 얻고자 하는 수행자는 무엇보다 일체 중생이 마음의 평화를 얻게끔 제도하겠다고 먼저 발원해야 한다. 최고의 깨달음과 자기자신의 열반을 얻고자 하면 반드시 남을 돕는 자비행을 우선 실천해야 한다는 것이다. 다시 말하면 일체 중생을 구원하고 요익(饒益)케 하는 자비행(慈悲行)이 수행의 궁극적인 목표가 되어야 한다. 자비행이 없이는 자기자신의 고통으로부터의 해방은 물론이고 궁극적인 깨달음도 얻을 수가 없기 때문에 「자비」가 보살수행의 「처음」이요 「마지막」이라고 한다. 물론 금강경에 「자비」라는 말은 한마디도 없지만 뜻으로 보면 「자비」가 수행의 시초요 끝이다.

둘째로 자비행을 실천하려면 무엇보다 「나」와 「대상」을 포함한 삼라만상이 공(空)하여 허공에 핀 꽃처럼 실재로 있다고 할 수 없다고 깨쳐야 한다. 우리가 실제한다고 믿는 「나」와 「중생」은 겉으로는 있는 듯 보이지만 사실은 없다. 그러므로 제도한다고 말하더라도 제도할 수 있는 중생은 없는 것이다. 그리하여 금강경에서 중생은 중생이 아니고[即非衆生] 이름이 중생일 뿐이다. 중생은 「중생」이라는 고정불변의 본성이 없으므로 보통 중생이라고 부르긴 하지만 실은 중생이 아니다.

「나」라는 아상(我相)이 있으면 아상에 뿌리를 두고 있는 이기심이 있고 이기심이 있는 한 남을 돕는 진정한 자비행은 불가능하다. 뿐만 아니라 보통 사람들이 생각하듯이 「중생」이라는 것이 실체적으로 존재한다면 그러한 중생은 변함없이 영원히 중생으로 존재할 것이므로 그를 교화하여 고통에서 해방시키는 것은 불가능하다. 그러한 「중생」은 사실은 없다. 그리고 그러한 고정불변의 중생이 없다는 것을 알려면 공을 깨쳐야 한다. 따라서 수행의 궁극적 목표요 출발점인 자비를 실천하려면 공을 알고 깨친 지혜 즉 반야지혜가 있어야 한다. 반야심경과 금강경은 수행자로 하여금 반야지혜를 얻게 하는 가르침이다. 공의 지혜가 없는 사람이 중생을 구하는 것은 수영할 줄 모르는 사람이 물에 빠진 사람을 구하려고 물에 뛰어드는 것처럼 무모한 일이다.

셋째로 공을 완전히 깨치고 그것을 완성하려면 아주 오랫동안 우리 마음속 깊이 뿌리내리고 있는 아상, 중생상 등 모든 분별의 상 즉 망상을 우리 마음에서 모두 제거하고 마음을 비우고 또 비워서 절대 무심(無心)이 되어야 한다. 이렇게 우리의 심층의 마음인 아뢰야식까지 정화되고 반야지혜가 완성되어야 아상과 중생상이 모두 소멸하고 그것들이 소멸해야 비로소 대자대비심을 가지고 고해에서 고통 받고 있는 많은 사람들을 구원하고 이익케 할 수 있다.

사람과 사물의 외형적 모양과 특성에 대하여 사람들이 분별하고 인식하여 얻는 고정관념을 상(相)이라고 한다. 예를 들면 까마귀는 「불길한 새」라는 우리의 고정관념이 한 가지 예라고 할 수 있다. 「나」라는 것도 남과 대비하여 분별한 관념의 상이고 「중생」이라는 것도 분별의 상이다. 금강경은 이러한 우리의 분별의 결과로 생긴 모든 상은 다 진실이 아니라고 한다[凡所有相 皆是虛妄]. 앞의 「반야심경의 이해」에서 보았듯이 삼라만상은 그 본성이 빈 공(空)으로서 실체가 없다. 물도 분자 이하 원자 수준만 내려가도 물의 성질은 없다. 변하지 않는 물의 본질이 있다면 물을 쪼개서 원자나 그 이하의 수준까지 내려가더라도 물의 성질이 그대로 있어야 하지만 그렇지 않고 물의 본성은 없다. 물의 성질은 산소원자나 수소원자 어디에서도 찾을 수 없다. 산소는 산소일 뿐 물이 아니고 수소는 수소일 뿐 물이 아니다. 그러니 아무리 목이 마르다고 산소나 수소를 마셔도 갈증은 해소되지 않는다. 물의 본성은 그와 같이 자기의 성질 즉 본성이 없는 무자성(無自性)이다.

보살도, 중생도, 보시도, 장엄도, 공덕도, 부처도, 무명도, 실상도, 지혜도 모두 상이기 때문에 본성에서 보면 모두 진실이 아니다. 그러므로 금강경은 중생은 중생이 아니고 이름일 뿐이라고 한다. 같은 의미에서 물은 물이 아니고 산은 산이 아니다.

분별의 상은 진실이 아닐 뿐만 아니라 우리에게 많은 고통을 준다. 까마귀가 불길한 새라는 관념에 사로잡혀 있는 사람은 귀한 자식이 먼 길을 떠나는 날 아침에 까마귀가 집 앞에서 "까악 까악" 하고 울면 불길한 일이 일어날 것이라 생각하고 그 자식이 집에 돌아올 때까지 하루 종일 불안에 떨며 마음 졸이고 안절부절한다. 더구나 화엄경 여래성기품에서 말하듯이 상은 불지혜를 깨치는 데 큰 장애가 된다. 부처님이 깨치고 보니 모든 중생이 모두 여래지혜를 다 가지고 있음에도「망상과 집착」때문에 그것을 보지 못하여 깨닫지 못한다고 말씀하셨다.

망상이라는 것은 허망한 분별 즉 진실이 아닌 분별을 말한다. 우리가 가지고 있는 허망한 분별의 상이 먹구름처럼 우리의 마음을 가리고 있어서 그 뒤에 있는 깨끗한 불성 즉 불지혜가 보이지 않는다는 것이다. 그러므로 삼라만상이 공이라고 깨친 다음 우리의 마음에서 모든 분별의 상을 다 제거하고 비우면 그때 비로소 본래부터 깨어 있는 본각(本覺)의 마음이 저절로 드러나서 우리가 그것을 보게 된다. 이 마음의 본성을 보는 것이 바로 선가에서 말하는 견성(見性)이다.

그러므로 깨치고자 하면 그리고 고에서 해방되고자 하면 진실이 아닌 모든 망상 즉 분별의 상을 마음에서 모두 제거해야 하고, 그러한 상을 제거하려면 무엇보다 「나」와 「대상」 등 모든 것이 「공」이라고 깨쳐야 한다. 이렇게 공을 깨치고 마음을 비운 수행자가 될 때 그때 비로소 저 어려움과 괴로움의 고해에 빠진 중생을 이끌어서 평화의 땅으로 인도할 수 있다.

이렇게 보면 금강경은 반야심경과 사실상 동일한 논리의 구조를 가지고 있다. 금강경은 깨치고 마음의 평화를 얻으려면 중생 제도라는 자비를 행하여야 하고, 자비행을 제대로 하려면 우선 모든 것이 공이라고 깨친 다음 마음에서 「나」라는 상(相), 「중생」이라는 상 등 모든 상을 다 비우라고 한다. 한편 반야심경은 「자비행」을 하는 관세음보살이 선행적으로 우선 공을 깨친 다음 「나」, 「대상」, 「경험」 등의 모든 상을 다 비우고 또 비워서 공의 마음을 완성하여 열반을 얻고 깨치게 되는 자기의 수행담을 사리불에게 들려준다. 결국 두 경전 모두 공을 깨치고 마음에서 「나」라는 생각, 「대상」이라는 생각, 그리고 여러 가지 관념의 상을 모두 비워서 공의 마음과 반야지혜를 완성한 후에야 비로소 대자대비심을 가지고 자비행을 할 수 있다고 말하고 있는 것이다. 이 두 경전의 가르침은 공의 깨침과 마음 비우기 수행까지이고 자비의 수행과 실천은 법화경에 와서 꽃피게 된다.

7. 중도실상(中道實相)

세상의 사물을 보는 데 세 가지 차원이 있다.

하나의 차원은 보통사람들이 사물의 겉모습의 특징을 보고 인식하는 차원이다. 저것은 구름이요 저것은 눈이요 이것은 얼음이다 하고 인식하는 차원이다. 우리가 보통 사물과 현상을 보고 인식하는 것이 다 이와 같이 사물의 모양의 다름을 분별하고 그에 이름을 붙인 것이다. 그것을 상(相)이라고 부른다.

중국의 어떤 스님이 수행하기 전 보통사람일 때 산은 산이요[山是山] 물은 물이요[水是水]였다고 한 말이 바로 이런 현상적 차원을 가리킨 말이다.

동화 속같이 '예쁜 집'의 겉모습에 반한 사람은 큰돈을 지불하고서라도 그 집을 손에 넣으려 하고, '명품' 핸드백의 겉모습과 이름에 홀린 젊은 여성들은 무리를 해서라도 비싼 돈을 내고 사려고 한다.

'겉모양[相]'에 대한 집착의 마음이 강하면 강할수록 그 집착심이 뜻한 대로 충족되면 기뻐하고 즐거워한다. 반대로 그 갖고자 하는 집착심이 좌절되면 그만큼 괴로워한다. 어떤 대상에 대하여 싫어하는 마음이 생기면 그것을 배척하고 증오한다.

우리는 이와 같이 사물의 겉모습을 분별하여 좋은 것은 집착하고 싫은 것은 배척하는 상(相)의 세계에 갇혀 살고 있다. 이러한 상의 세계 사람들의 병을 고치기 위해 처음에 가르치고 처방한 것이 네 가지 고귀한 진리와 12연기법이었다.

겉모습에 근거한 모든 분별은 상대적 생활 세계에서는 편리한 사물의 인식방법이지만 절대적인 면에서는 결코 진리가 아니다. 내가 「아름답다」고 보는 여인을 다른 사람은 「아름답지 않다」고 본다. 그러므로 「아름답다」 「아름답지 않다」 또는 「길다」 「짧다」와 같은 상대적 분별은 결코 진실상(眞實相)이 아닐 뿐만 아니라 오히려 모든 고통의 원인이 되므로 금강경에서는 「나」라는 생각[我相]을 비롯한 모든 상(相)을 버리라고 하는 것이다.

두 번째 차원은 사물과 현상의 본성을 보는 차원이다.

구름과 눈과 얼음은 겉모습인 상의 차원에서 보면 모두 모양의 특징이 다르지만 그 성질이 물이라는 점에서는 모두 같다. 물이란 성질에서 보면 구름은 구름이 아니고 물이요 눈은 눈이 아니고 얼음은 얼음이 아니다.

어떤 스님이 수행하기 전에는 산은 산이요 물은 물이었는데 수행을 하는 중에 보니 "산은 산이 아니요 물은 물이 아니다"고 한 말이 이것을 나타낸 말이다.

물의 성질을 나타내는 것이 H_2O라는 물의 분자이다. 물은 산소원자 하나와 수소원자 둘이 결합하여 만들어진 것인데, 그러한 분자 수준 밑으로 내려가 원자 수준에서 보면 물은 없어지고 산소와 수소라는 원자의 특성만 보게 된다. 그러므로 산소를 마셔도 수소를 마셔도 갈증은 해소되지 않는다. 더 밑으로 내려가서 원자를 구성하는 전자와 양자와 같은 입자들을 더 쪼개서 미립자에 이르고 그 미립자들을 다시 쪼개서 점점 밑으로 내려가면 능엄경에서 말하는 인허진(隣虛塵)이란 허공에 가까운 극미의 미립자에 도달한다.

(서양의 과학이 물질의 내면적 본질을 알아가는 과정에서 발견하게 된 것이 엄청난 파괴력을 가진 '원자탄'과 '수소폭탄'이다. 그만큼 사물의 본성을 아는 것이 중요하다.)

그 인허진을 더 쪼개면 허공이 나타나고 이 허공에서 모든 물질이 나온다고 하였다. 이것을 능엄경에서는 공의 성질을 가진 물질이요 물질의 성질을 가진 공이라고 표현했고, 반야심경은 색즉시공(色卽是空) 공즉시색(空卽是色)이라고 말했다.

모든 사물의 본성은 결국 실체가 없는 빈 공(空)이다. 이러한 사물의 본성의 차원에서 보면 "물은 물이 아니며" "중생은 중생이 아니고 이름일 뿐이다." 금강경에서 말하듯이 "보살은 보살이 아니요 이름이 보살이요" 나는 내가 아니고 이름일 뿐이다. 그리하여 이러한 차원에서 보면 사물의 겉모습으로 인식한 모든 분별의 상은 다 허망하고 진실하지 않다[凡所有相 皆是虛妄].

그리하여 사물의 겉모습이 아닌 본성을 보면 깨쳐 성불한다[若見諸相非相 卽見如來]고 한 것이다. 이러한 사물의 본성은 나지도 죽지도 않는다[不生不滅]. 겉모습만 보면 나고 죽는 것이 있지만 본성은 나는 것도 죽는 것도 없는 불생불멸이다.

구름이 생겼다 비로 화하여 내리면 소멸한다. 즉 구름은 나고 죽는다. 그러나 구름이 물이란 성질에서 보면 불생불멸이다. 구름은 비가 되어 내리고 흘러서 호수나 바다에 이른다. 바다의 물은 여름 햇볕에 수증기로 변하고 수증기가 모여 다시 구름이 된다. 이와 같이 구름은 눈, 얼음, 빗물로, 호수나 바다의 물로, 그리고 수증기로 계속 그 모습만 바꾸지 죽어 없어지는 것이 아니다.

사람도 마찬가지로 인연조건이 있으면 모습을 드러내다 인연조건이 다하면 그 모습을 감출 뿐 불생불멸이다. 집에 들어오는 전깃불은 각각 그 모습이 다른 개체이다. 그러나 전구가 아닌 전기 에너지를 기준으로 보면 집의 전깃불은 모두 하나이다. 이 방의 전기도 저 방의 전기도 같은 전기 에너지요 우리 집의 전기도 저 집의 전기도 다 같은 하나의 전기일 뿐이다. 전구라는 겉모습[相]에서 보면 수많은 개체의 전기가 존재하지만 전기 에너지의 입장에서 보면 전기는 모두 하나이다. 전구는 수명이 있으니 나고 죽는 것이 있지만 전기 에너지는 나고 죽는 것이 없다. 번갯불에도 있고 성선기에노 있으니 비록 발선소가 없어도 전기 에너지는 우주에 편재한다. 전기 에너지도 인연조건에 따라 전깃불로, 번갯불로, 옷깃을 스칠 때 생기는 정전기로 그 모습만 바꾸어 나타날 뿐 불생불멸이다.

'나'라는 것도 사람을 개인의 차원에서 볼 때 생기는 관념이지만 사람의 본성 즉 공(空)의 차원에서 보면 모두 하나이므로 「나」라는 개별성은 허상에 불과하다. 그러나 우리는 겉모습인 개별성의 차원에서만 사람과 사물을 보기 때문에 「나」라는 생각이 고착되어 있고 그로 인한 이기심 때문에 나를 위해 남을 해치는 일을 서슴없이 하게 된다. 그리하여 이 「나」라는 생각이 인간세상의 모든 고통의 원인이 되고 있다. 어떤 차원에서 삼라만상을 보느냐가 이와 같이 우리의 인식과 행동에 천양지차를 가져온다.

이와 같이 사물의 본성이 공(空)이요 불생불멸임을 알면 '나'라는 허상과 그 허상에 근거한 이기심이 소멸하여 인간세상의 모든 문제가 해결되고 반야심경에서 설한 것처럼 죽음에 대한 두려움이 없어지고[無有恐怖] 구경의 열반 즉 완전한 마음의 평화를 얻는다. 선가(禪家)에서는 이렇게 사물과 사람의 본성을 깨닫는 것을 견성(見性)이라고 한다. 이와 같이 사물을 보는 것이 본성의 차원이요 모양 없는 차원 즉 무상(無相)의 차원이다.

긴 것과 짧은 것, 아름다운 것과 아름답지 않은 것, 삶과 죽음, 「나」와 「너」 등 모든 현상적 차별은 본성의 차원에서 보면 절대적인 진리가 아니다. 그러한 차별을 절대적인 것으로 인식하는 것으로부터 인간세상의 모든 갈등과 시비와 고통이 생겨난다. 사물의 본성이 모두 공함을 철저히 깨칠 때 비로소 그러한 시비분별을 떠날 수 있고 고통에서 해방될 수 있다. 그리고 이것이 반야심경의 가르침이다.

사물을 보는 세 번째의 차원이 중도실상의 차원이다. 상(相)만 보고 사물을 인식하는 것도 편견이 되고 반대로 사물의 본성만으로 사물을 판단하는 것도 편견(불가에서는 변견이라고 부름)이 된다. 그러므로 임제스님은 "밖으로는 성스러움과 범속함을 분별하여 집착하지 말고[外不取凡聖] 안으로는 근본에도 머물지 말라[內不住根本]"고 했으며 영가스님은 "공부를 다 마친 사람은 분별망상을 제거하지도 않고 진리를 구하지도 않는다[不除妄想 不求眞]"고 말한 것이다. 공부를 다 마쳐 망상이 소멸하니 제거할 망상도 없고 드러난 진리를 이미 보았으니 더 구할 진리도 없는 것이다.

상과 무상 즉 사물의 겉모습의 특징과 사물의 본성을 다함께 보는 것이 이른바 중도실상(中道實相)의 차원이다. 중도실상은 상이니 상이 아니니 또는 상이 있느니 상이 없느니를 모두 떠나서 사물을 있는 그대로 보는 것이요 이것을 제법실상(諸法實相)이라 부른다.

겉모양으로 보면 구름과 비는 다르지만 물이라는 본질에서 보면 다르지 않고 같다. 그러므로 구름과 비는 다른 것도 아니고 그렇다고 같은 것도 아니다.

「나」와 「너」도 마찬가지다. 겉모양의 차원에서 보면 분명히 다른 개체이지만 본성이 공(空)이라는 차원에서 보면 같다. 그러므로 너와 나는 다르지도 않고 그렇다고 같지도 않다. 겉모양[相]에 사로잡혀 사는 사람들의 병[相病]을 고치기 위하여 모든 사물의 본성이 공(空)이라고 가르쳐 겉모습에 대한 집착을 버리게 한다. '나'에 대한 집착[我執]이 너무 강하여 많은 고통을 받고 있으니 아집을 제거하기 위하여 「나」라는 것이 없다고 무아(無我)를 가르쳐 아집을 버리게 한다. 그렇다고 공(空)과 무아(無我)가 절대적 진리라고 집착하면 그것 또한 병이다. 이 병마저 고치고 나야 비로소 삼라만상의 실상을 깨치게 된다. 그것이 사물의 겉모양과 본성을 다함께 보는 것이요 이것을 제법실상(諸法實相)이요 중도실상(中道實相)이라 한다(과학적으로 사물의 실체를 제대로 알려면 물체에 대한 이론적 탐구인 뉴턴물리학과 물질의 본질을 규명하는 양자물리학을 모두 알아야 한다).

사물은 그 본성이 나타난 모양이요 「나」라는 사람 역시 본성이 드러난 겉모양이다. 본성과 겉모양은 별개의 것이 아니라 본성이 곧 사물이요 본성이 곧 사람이다. 그러므로 겉모양도 본성도 다 초월하여 모든 것을 있는 그대로 보는 것이 사물을 있는 그대로 보는 중도실상이다.

까마귀는 「흉한 새다」, 반대로 까마귀는 「흉한 새가 아니다」 하고 다르게 분별하는 것은 까마귀를 「있는 그대로」 보는 중도실상이 아니다. 본성이 공(空)이라는 차원에서 보면 그러한 분별은 진실이 아니기 때문이다. 까마귀와 까치는 겉모양으로 보면 분명히 다르지만 본성의 차원에서 보면 결코 다르지 않고 같다. 그러므로 까치를 까마귀보다 귀하게 보는 것은 까마귀와 까치의 실상을 있는 그대로 보는 것이 아니다.

겉모습만 보고 모든 사물을 「다르다」고 보는 것도, 본성의 차원에서 모든 사물이 「같다」고 보는 것도 사물과 현상을 올바르게 인식하는 것이 아니다.

사물이 곧 본성이요 본성이 곧 사물이므로 어느 한쪽만을 보는 변견(邊見)을 지양하고 사물과 현상을 「있는 그대로」 보는 것이 사물을 올바로 보는 중도실상이다.

그리하여 법화경 여래수량품에서는 삼라만상을 부처님이 세상을 보듯이 "실도 아니고 허도 아니요[非實非虛] 같은 것도 아니고 다른 것도 아니다"라고 보라고 한다. 그렇게 세상을 보는 것이 부처의 눈[佛眼]으로 세상을 보는 것이다.

이와 같이 사물과 현상의 표면적 특성인 상(相)과 사물의 본성을 다 알아야 사물의 실상을 다 안다고 할 수 있다. 사물의 겉모습만이 진실된 모습이라고 집착하던 사람이 수행을 하여 사물의 본성이 공(空)임을 깨닫고 사물에 대한 집착이 소멸하고 마음의 평화를 얻었지만 그 본성인 공만이 전부라고 알면 올바른 것이 아니다. 주먹만

<시기별 가르침>

시기	초기	중기	말기
경전	아함경 (네 가지 진리, 12연기법)	반야심경	법화경
가르침의 주요내용	상의 차원 (현상계) 나와 대상 모두 있다 [我法俱有] 나는 없고 대상은 있다 [法有無我]	본성의 차원 나와 대상 모두 공이다 [一切皆空] 본래 한 물건도 없다 [本來無一物]	중도실상의 차원 있음과 공 둘 다 진실이 아니다 [空有二俱非] 모든 것 있는 그대로 실상 [諸法實相]
수행법	여덟 가지 바른 길 (계·정·혜)	관법 (반야지혜)	지관법 (불지혜와 자비)
현상에 대한 인식	현상이 있다 없다 분별 상에 집착하는 범부의 눈으로 봄	모든 현상은 공하여 있다 할 것이 없다 무분별 지혜의 눈으로 봄	실도 아니요 허도 아니라고 있는 그대로 본다 보아도 집착하지 않음 부처의 눈으로 봄
수행의 과보	고(苦)에서 해탈 열반	일체의 고를 제거 구경열반	성불 / 무여열반 능히 일체 중생을 구하고 이익케 함 중생의 고뇌를 제거

한 돌덩이는 본성이 빈 공이지만 역시 돌은 돌이어서 그것으로 머리를 맞으면 머리가 깨진다. 그러므로 돌은 견고한 물체이면서도 그 본성은 공으로 무지개처럼 실체성이 없는 것이라고 바로 알아야 한다.

현상만이 전부라고 알면 현상을 분별하여 집착하고 그때문에 나쁜 업을 짓게 되고 업의 과보를 받고 괴로워한다. 반면에 현상의 본성인 공이 전부라고 알면 고요한 즐거움에 빠져 우리가 두 발로 딛고 사는「부정할 수 없는」이 현실 세계를 부정하고 외면하게 된다. 따라서 현상과 그 본성을 다함께 알고 수용할 때 집착도 외면도 없이 이 세상을 바로 알고 살 수 있게 된다. 이렇게 바로 아는 것이 중도실상(中道實相)의 차원이요 법화경에서 말한 제법실상(諸法實相)의 차원이다.

중국의 어떤 스님이 수행으로 완전히 깨치고 나니 다시 "산은 산이요 물은 물이더라"고 말한 것이 이러한 실상의 경지를 나타낸 말이다. 우리나라 성철스님께서 "산은 산이요 물은 물이로다"라고 하신 법어도 산은 있는 모습 그대로 산이요 물 또한 그 모양 그대로 물인 중도실상의 경지를 나타낸 말이다.

8. 공(空)을 알고 삶의 현장으로 복귀한다

(1)

우리가 세상을 살면서 겪는 고통이나 슬픔의 경험은 나의 몸과 마음이 눈, 귀, 코, 혀, 몸과 의식이라는 여섯 가지 감각 및 인식기관을 통하여 형상, 소리, 냄새, 맛, 촉감과 의식의 대상이라는 여섯 가지 대상을 여섯 가지 의식으로 느끼고 분별하며 생각하고 행동하는 것이다.

예를 들어, 어떤 며느리가 시어머니로부터 몹시 심한 꾸중의 말을 듣고 기분이 상하고 화가 나서 집에 늦게 들어온 남편과 그 문제를 가지고 말다툼을 하다 심하게 싸우게 되었다. 그 결과로 며느리는 며느리대로 며칠 동안 마음의 괴로움을 겪게 되고 남편은 남편대로 괴로움을

〈오온 · 18계〉

(경험의 주체)　　　　　　　　　(경험의 대상)

나 : 몸과 마음	
색 · 수 · 상 · 행 · 식 (5온) 안 · 이 · 비 · 설 · 신 · 의 (6근) 안식 · 이식 · 비식 · 설식 · 신식 · 의식 (6식)	↔

색 · 성 · 향 · 미 · 촉 · 법
(6진/6경)
(모양 · 소리 · 냄새 · 맛 · 감촉 · 의
식대상)

안계　　　～　　　의식계
(눈의 경험 세계)　　(마음의 경험 세계)
희로애락 / 노사우비고뇌
(기쁨 · 화남 · 슬픔 · 즐거움 /
늙어죽음 · 근심 · 비애 · 고통 · 번뇌)

(경험)

겪게 되었다. 드디어 화가 난 남편이 자신의 어머니에게
그 문제를 가지고 따지면서 모자 간에 심한 말을 주고받
으면서 서로 더욱 상처를 받고 며칠 동안 괴로워하였다.
이 집안에 생긴 괴로움은 위에 설명한 경험의 틀을 벗어
나지 않는다.

부처님께서 깨치고 나서 처음으로 녹야원에서 다섯 비구에게 고·집·멸·도의 네 가지 진리를 가르치고, 5일 후에 두 번째의 가르침으로 무아(無我)를 설하였다고 한다. 이 무아의 설법을 듣고 다섯 비구는 모두 아라한이 되었다.

"단순한 고통만 존재할 뿐 고통 받는 자는 없다. 행위만 존재하고 행위자는 없으며, 열반만 있고 열반에 드는 사람은 없다. 수행의 도(道)만 있고 수행자는 찾을 수 없다."라는 법문이 그러한 가르침의 한 예이다.

처음에 설한 12연기법과 네 가지 진리는 「나」도 있고 「대상」도 있고 「경험」도 있다고 가르쳤으나, 그 후부터는 모든 것이 무아(無我)라는 것을 가르쳤다.

그러나 반야심경에 와서는 경험의 주체인 「나」도 경험의 「대상」도 그리고 「경험」 자체도 없다고 가르치게 되었다. 반야심경은 우선 「나」라는 것이 실체적 본질이 없다는 것을 가르친다. 그것이 오온개공(五蘊皆空)이다. 「나」라는 몸과 마음을 색·수·상·행·식의 인연화합체인 「오

117

온」이라 부르는데, 그 「오온」이 공이라는 것이다. 모든 연기적 존재인 인연화합체는 구성요소들이 모여서 비로소 사람이나 사물로 형성되고, 그때 비로소 그 사람이나 사물의 모양이나 성질을 갖게 되는데, 그 구성요소 어디에서도 그러한 전체로서의 성질은 찾아볼 수 없다.

(3)

수소원자 2개와 산소원자 1개가 인연화합하여 형성된 물은 그 두 가지 요소가 모여서 결합할 때 비로소 「물」이란 모양과 성질이 생겨난 것으로, 물의 성질과 모양은 구성요소인 수소에서도 산소에서도 발견할 수 없다. 물은 먹으면 갈증을 해소해 주는 성질을 가지고 있지만, 수소와 산소의 원자로 분해하면 그러한 물의 성질은 없어진다. 이 물의 본질이 불변의 것이라면 수소나 산소에서도 발견할 수 있어야 하는데, 실은 수소나 산소에서는 전혀 찾을 수 없다. 그러므로 수소를 먹어도 산소를 먹어도 갈증은 해소되지 않는다. 그러므로 「물」은 그 본질이 비어서 없다. 즉 물은 공(空)이요 변하지 않는 그만의 특성, 즉 본성이 없고 그것을 무아(無我) 또는 무자성(無自性)이라고 한다.

　삼라만상은 계속 변하여 한 순간도 고정되어 있지 않다. 사물 전체로도 그렇고 그 사물을 구성하는 요소들도 그렇다. 특히 사물의 궁극적 구성요소인 미립자들은 찰나에 생겼다 찰나에 소멸하여 실제로 존재한다고도 볼 수 없고 존재하지 않는다고도 볼 수 없다. 양자물리학이 밝힌 바에 의하면, 미립자의 수명은 10^{-23}초라고 한다. 1000의 1000배는 백만으로 「0」이 6개가 된다. 백만분의 1초가 얼마나 짧은 순간인지 짐작하기도 어려운데 1 다음에 「0」이 23개나 되는 수로 1초를 나눈 것이 얼마나 짧은 찰나가 되는지 우리는 가히 상상조차 할 수 없다.

　이처럼 삼라만상은 겉으로도 그렇고 내부적으로도 계속 생멸을 거듭하며 변화하고 있다. 그럼에도 불구하고 우리는 사물이 고정된 모습으로 존재한다고 믿고 있다. 그것은 우리의 착각의 산물이다. 그것은 마치 깡통에 불을 넣고 돌릴 때 생기는 「불바퀴」를 보는 것과 같이 우리의 착시현상이다. 정월 대보름날 저녁에 동네 아이들이 구멍 뚫린 깡통에 숯불을 넣어 가지고 빠른 속도로 돌리는 것을 멀리서 보면 마치 「불바퀴」가 도는 것처럼 보인다. 그 불바퀴는 우리의 눈이 실재하는 것으로 잘못 본 것이지 실제로 있는 것이 아니다. 삼라만상도 「불바퀴」처럼 있는 듯 보이지만 실체적 존재는 아니다.

마찬가지로 우리의 몸과 마음을 구성하는 색(육체), 수(느낌), 상(인식), 행(의지작용), 식(분별하는 의식)이란 인연화합체인 오온도 공(空)이요 무아이다. 반야심경은 오온 전체를 공이라고 볼 뿐만 아니라 그 구성요소 하나하나도 본질이 공이라고 본다. 물도 공이요 그 구성요소인 수소나 산소도 공인 것처럼 색도 공이요 수·상·행·식도 모두 공이다. 산소도 그것을 구성하는 미립자 수준에서 보면 산소의 성질은 없다. 마찬가지로 색이란 물질도 그것을 구성하는 요소의 수준에서 보면 본질이 공이다. 수·상·행·식도 마찬가지로 공이다.

(4)

이처럼 반야심경에서는 「나」의 본성이 공[我空]이요 「대상」이 공[法空]이라는 것을 설명하기 위하여 공(空)이라는 단어가 일곱 번이나 사용된다. 모든 것이 공이므로 당연히

「나」도 없고 「대상」도 없고 「경험」도 없다. 그리하여 무색, 무수·상·행·식, 무안·이·비·설·신·의[人無我], 무색·성·향·미·촉·법[法無我], 무안계 내지 무의식계, 무무명 역무무명진 내지 무노사 역무노사진, 무고·집·멸·도, 무지 역무득(경험의 부정) 등 모두 열일곱 번의 「없을 무(無)」자를 사용한다. 이와 같이 철저히 경험의 「주체」도 경험의 「대상」도 「경험」 자체도 모두 실체가 없다고 반야심경은 가르치고 있다.

앞에 인용한 법문에서는 고통 받는 자는 없어도 고통은 있다고 하였지만, 반야심경에서는 고통 받는 자도, 고통을 주는 사람도, 그리고 고통 그 자체도 모두 없다고 보는 것이다. 이렇게 모든 것이 공이요 그러므로 실체적 존재성이 없는 것이라고 깨닫고 나서야 비로소 우리의 마음에서 모든 분별의 상(相)을 다 비울 수가 있다. 마음을 비우고 또 비워서 저 허공 같은 마음이 되면 지혜도 없고 얻을 것도 없는 마음이 되고, 그렇게 텅 빈 마음이 되어서 아무런 걸림이 없이 자유자재하게 되면 생사에 대한 두려움을 비롯한 모든 두려움이 없어진다.

반야지혜에서 보면 고(苦)가 본래 없으므로 고를 제거

〈반야바리밀다 수행〉

수행	1단계	·「나」가 공임을 깨침(오온개공 : 아공) ·「삼라만상」이 공임을 깨침(제법공상 : 법공)	공을 깨치는 단계
	2단계	·마음에서「나」라는 관념 제거 : 무아상(無我相) ·마음에서「대상」이라는 관념 제거 : 무법상(無法相) ·마음에서「경험」의 관념 제거 : 무안계~무의식계 무무명 역무무명진 내지 무노사 역무노사진 (12연기법의 제거) 무고·집·멸·도(사성제의 제거) 무지 역무득	마음 비우기 단계
	3단계	·걸림 없는 마음이 되어 두려움이 없음 ·전도 망상을 멀리 떠남	마음 비우기의 완성 공의 마음과 반야지혜의 완성
수행의 과보		·구경열반 ·아뇩다라삼먁삼보리를 얻음 ·능히 모든 고통을 제거함	고(苦)가 생기지 않으므로 고가 없음[無苦]

하는 것이 있을 수 없다. 촛불이 본래 없는데 무슨 촛불을 끄는 것이 있을 수 있겠는가. 마찬가지로 생이 본래 없으니 늙어 죽는 것이 있을 수 없다. 무명이 본래 없는데 무슨 무명을 없애는 지혜가 있겠으며, 주체와 대상이 모두 본래부터 없는데 얻을 바가 어디 있겠는가.

이와 같이 공의 지혜와 공의 마음이 완성되어야 전도된 망상이 없어지고 궁극적인 마음의 평화를 얻게 되고 깨쳐서 성불한다.

(5)

결론적으로 반야지혜는 능히 모든 고통을 제거해 준다고 반야심경은 설하고 있다. 고를 어떻게 제거하는가. 제거할 고가 본래 없다고 보는 것이 고를 제거하는 법이다. 왜 고가 본래 없는가. 생기지 않았으니 없는 것이다. 왜 생기지 않았는가. 공의 마음이기 때문에 고가 생기지 않는다. 우리 마음에 「나」가 서게 되고 「상대」나 대상이 서게 되고부터, 다시 말하면 분별이 생기고부터 고가 생긴 것이다. 고를 경험하는 「나」도 있고 고를 일으키는 「대상」도 있으니 고가 생기고, 고의 「경험」노 있게 뇐다.

내 마음에 나도 있고 끊임없이 괴롭히는 시어머니가 실제로 있는데 어떻게 괴로움에서 벗어날 수 있겠는가. 그러므로 고통 받는「나」도 고통을 주는「상대」도 고의「경험」도 모두「불바퀴」처럼 본래 공이요 실체가 없는 것이라고 철저히 깨쳐 다시 공의 마음으로 돌아가면 고가 생기지 않으므로 제거할 고(苦)가 없게 된다. 이것이 고를 제거하는 반야지혜의 방법이다. 그리고 이것이 본래무일물(本來無一物) 즉「본래 한 물건도 없다」고 말한 육조 혜능대사의 뜻이요 소식이다.

(6)

보살수행의 완성이라는 입장에서 보면「반야바라밀다」는 공부의 끝이 아니고 시작이다. 반야심경은 공의 지혜를 얻고 고통으로부터 벗어나 열반을 얻는 데 역점을 두고 있다. 말하자면 반야심경은 고통의 이 세상을 떠나 피안의 낙원에 안착하는 것으로 끝을 맺고 있다. 사리불이나 마하가섭 같은 성문제자들은 피안의 낙원에 안주한 수행자들로서 그 때문에 유마거사로부터 큰 질책을 받게 되고, 법화경 화성유품에서 그곳에 안주하지 말고 앞으로 더 나아가야 한다는 부처님의 가르침을 받게 된다. 겉모습[相]에 집착하고 그것을 탐하는 것이 보통사람들의 병이라면, 공의 편안함에 집착하는 것은 수행자들이 빠지기 쉬운 병이다. 상을 버리고 공에 집착하는 것은 마치 늑대를 피하려다 호랑이를 만나는 꼴이다.

부처님의 말씀처럼 보살은 자신의 즐거움에 집착하지 말고, 다른 사람들의 즐거움을 더 기뻐해야 하고, 공을 닦되 공에 집착하여 세간의 괴로움을 싫어해서는 안 된다. 일단 공의 지혜를 얻고 나면, 아직도 고통 받고 있는 많은 사람들을 돕기 위하여 다시 그들이 사는 현실 세계로 돌아와야 한다. 부처님이 위대하고 누구나 공경하는 것은 깨치신 후 많은 사람들을 교화하여 마음의 평화를 얻게 하신 때문이요, 우리가 관세음보살을 어려울 때 찾는 것은 우리를 구원해 주는 보살이기 때문이다. 중생을 이익되게 하고[饒益衆生] 구원하는 것이 부처님과 보살이 하는 일이다.

바람이 그치면 파도는 잦아들고, 파도가 없으면 바다의 표면도 깊은 바다 속과 같이 깨끗하고, 고요하고 평화롭게 된다. 우리의 분별의식의 바람이 잠들면 우리의 생활 세계도 파도가 그친 바다와 같이 본성 그대로 깨끗한 평화의 땅이 된다. 공의 지혜를 얻은 보살에게 있어서, 현실 세계는 있는 그대로 피안의 낙원이지만 아직 그러한 지혜를 얻지 못한 많은 사람에게 있어서, 이 현실은 여전히 고해일 뿐이다. 그러므로 공을 깨쳐 아상(我相)을 버리고 자비를 완성한 보살은 자비의 마음으로 다시 우리 삶의 현장인 이 현실 세계로 돌아와서 구원의 손길을 내밀 수가 있다.

(7)

부처님이 깨치시고 나서 가르침을 펴실 때, 처음에는 자기처럼 누구나 다 부처가 될 수 있다는 점과 그렇게 부처가 되는 방법을 바로 설하였다고 한다. 그것이 화엄경으로서 보통사람들이 도저히 알아듣고 이해할 수 없는 것이었다. 그리하여 보통사람들의 수준에 맞게 가르친 것이 「네 가지 진리」였다. 그 다음 단계에 가르친 것이 「나」도 삼라만상도 모두 「공」이라는 반야심경의 가르침인데, 이 단계에서는 그 이전에 가르치신 「네 가지 진리」를 부정하여 그것을 초월하게 한 것이다. 그리고 마지막 단계의 가르침인 법화경에 와서는 그 직전에 가르치신「공」에 안주하지 말고, 거기에서 더 앞으로 나아가「부처 되는 길」로 가야 한다고 하였다. 불교 수행의 목적이「성불」하는 것일진데, 처음부터 바로 그 길을 가르치지 못하고「네 가지 진리」라는 초기 단계,「공」이라는 중간 단계를 거쳐「성불」의 마지막 단계를 설하게 된 것은 보통사람들의 수준을 고려하여 그 수준에 맞추어 가르침을 펴신 때문이다.

지금 병이 나서 고열로 인하여 정신없이 괴로운데, 여기「부처 되는 길」이 있다고 해 보았자, 그 말이 그 병자의 귀에 들어올 리가 없다. 고해(苦海)의 물에 빠져 허우적거리는 사람들에게 어떻게「부처 되는 길」을 곧바로 설하겠는가. 그러나 여기 너의「괴로움」을 없앨 수 있는 길이 있고 고해에서 헤어나올 수 있는 길이 있다고 하면, 그는 즉시 그 가르침을 수용한다. 그리하여 모든 것이 고요, 그 고에는 원인이 있고 그 원인을 제거하면, 고는 소멸하며 여덟 가지 소멸의 방법이 있다는「네 가지 진리」를 우선 가르치게 된 것이다. 말하자면 지금 극도의 괴로움을 겪고 있는 사람들에게 우선 그 괴로움에서 벗어날 수 있는 가르침을 먼저 주게 된 것이다. 그러나 그 네 가지 진리의 방법은「나」와「대상」이 모두 있다는 것을 전제로 하기 때문에 고를 완전히 제거할 수가 없다. 그리하여 「나」와 「대상」 모두가 실체가 없는 「공」이라는 반야심경의 가르침이 등장하게 되었다.

반야심경은 "오온 18계가 모두 공이라고 관하여 고해를 건넜다"로 시작하여 반야지혜가 "능히 모든 고를 제거한다"로 끝난다.

수행자들이 「나」도 「대상」도 「경험」도 모두 공하여 없다는 반야심경의 가르침을 듣고, 고로부터 완전히 해탈을 얻을 수 있게 되자, 그때 비로소 누구나 부처님처럼 「성불할 수 있다」는 가르침인 법화경을 설하게 된 것이다.

화성유품에서

① 부처님이 열반하실 때가 되었고,

② 중생들이 믿고 이해하는 마음이 견고하고,

③ 공을 완전히 통달하고[了達空法],

④ 깊이 선정에 들면 그때 비로소 법화경을 설한다고 하였다.

그리하여 법화경에서 지금까지 가르친 반야심경의 「공」은 최종목적지가 아니라 중간에 있는 휴식처에 불과하므

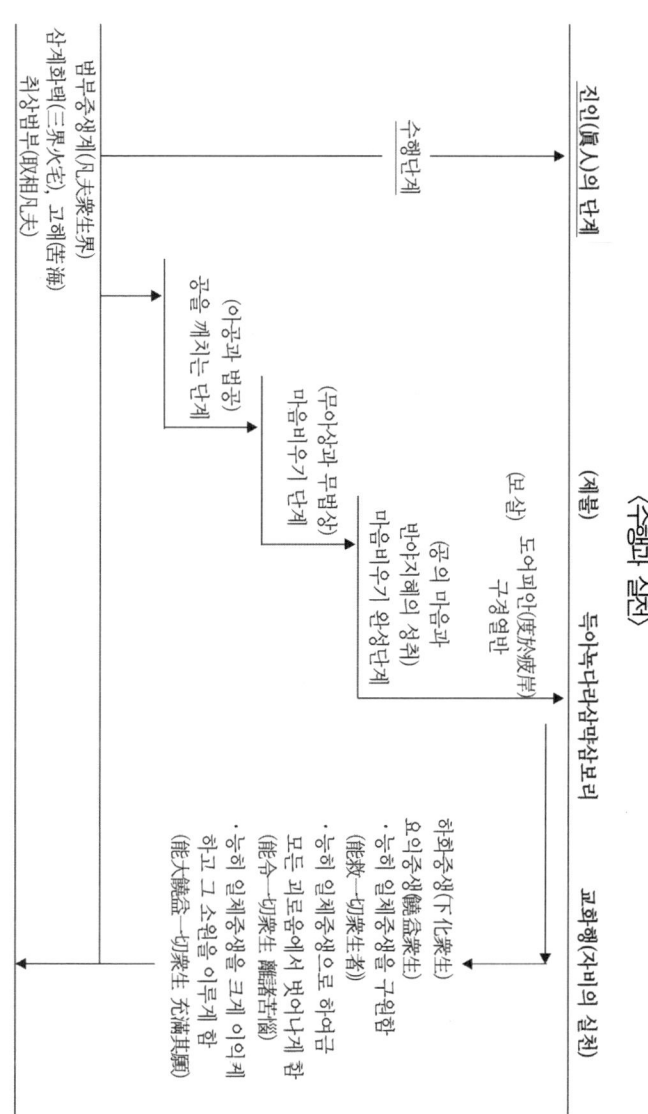

〈수행과 실천〉

진인(眞人)의 단계　　　(계행)　(보시)　독이녹다라삼막삼보리　교화행(자비의 실천)

수행단계

도어피안(度於彼岸)
구경열반

(공의 마음과
반야지혜의 성취)
마음비우기 완성단계

(무아상과 무법상)
마음비우기 단계

(아공과 법공)
공을 깨치는 단계

하화중생(下化衆生)
요익중생(饒益衆生)
· 능히 일체중생을 구원함
(能救一切衆生)
· 능히 일체중생으로 하여금
모든 괴로움에서 벗어나게 함
(能令一切衆生 離諸苦惱)
· 능히 일체중생을 크게 이익케
하고 그 소원을 이루게 함
(能大饒益一切衆生 充滿其願)

삼계화택(三界火宅), 고해(苦海)
범부중생계(凡夫衆生界)
취상범부(取相凡夫)

로, 그곳에서 안주하지 말고 「성불」이라는 최종목적지를 향해 앞으로 더 나아가야 한다고 가르친다. 그러므로 수행의 궁극적 목적에서 보면 반야심경의 가르침은 시작이지 끝이 아니라는 것이다. 웬만한 불자라면 누구나 다 반야심경을 암송하는데 반야심경을 암송할 때 이 점을 분명히 알아야 한다.

(8)

법화경에 보면 법화수행자는 이미 깨친 보살로서 고해의 중생을 가엾이 생각하여 정토를 버리고 고통의 세계에 태어났다. 그러므로 법화수행자는 공에 안주하여 자신의 즐거움에 만족해 사는 존재가 아니고, 이 험악한 세상에서 고통 받는 모든 사람들과 함께 살면서 그들을 위하여 일하는 보살이다. 그것이 그가 이 세상에 태어난 연고요, 이유이다. 이 세상에서 남을 위해 일 하려면 이타심과 자비심을 가져야 하고, 이타심을 가지려면 「나」를 죽이고 삼라만상이 공이라고 관하여 「불지혜(佛智慧)」를 깨쳐야 한다.

법화경 법사품에서 부처님은 "속히 일체종지혜(一切種

智慧)를 얻고자 하면 응당 법화경을 수지하고 수지하는 사람을 공경해야 한다." 그리고 약왕보살본사품에서 "법화경은 능히 일체 중생의 모든 고통을 없애준다"고 설하고 있다. 법화경을 믿고 받아 지니고, 독송하거나 사경하면 그것으로 불지혜를 얻고, 고통에서 해탈한다는 것이다. 따라서 불지혜를 얻으려면, 그리고 고통에서 해방되고 싶으면 묘법연화경을 수지 독송하고, 사경하면서 겸하여 관자재보살이 했던 것처럼 지관의 수행을 병행하는 것이다. 수지 독송만으로도 좋겠지만 지관의 수행을 함께 한다면 더 없이 좋을 것이다.

우리는 이러한 부처님의 말씀을 믿고 법화수행을 하여 속히 불지혜를 얻고 자기 자신의 편안함과 행복에 안주하지 말고, 그 지혜의 힘을 발휘하여 우리가 사는 이 현실 세계에서 고통 받는 많은 사람들을 위하여 그들을 도우면서 살아야 한다. 그것이 진정한 보살의 길이요 진인(眞人)이 되는 길이다.

(9)

우리는 본래부터 자비롭고 지혜로운 그리고 깨달은 완

전한 인간 즉, 진인(眞人)인데 한때의 착각으로 미망과 무명의 진흙 속에 떨어졌다고 한다. 그것은 마치 밝고 맑은 빛나는 보석이 진흙과 같은 때가 두껍게 묻어 있는 것과 같다. 그리하여 그 깨끗하고 밝은 빛을 발휘하지 못하고 있듯이 우리의 본래부터 밝고 맑은 깨달음의 성품이 분별심의 때에 가려 빛을 발하지 못하고 있다.

불교의 수행이란 그 때를 벗겨 본래의 밝은 깨친 마음을 드러내는 것이다. 연료라는 동력이 없으면 자동차의 주행이 불가능하듯이 「깨치려는 마음」이 없으면 수행은 시작조차 할 수 없다. 깨치고자 발심을 한 다음은 자기에게 적합한 수행법을 선택하여 꾸준히 해 나가는 것이다. 그리하여 일단 법화수행을 하려고 마음을 냈으면, 매일매일 꾸준히 법화경을 독송하거나 사경하는 것이 중요하다. 때 묻은 모난 작은 조약돌이 바닷가에서 매일매일 지속적으로 파도에 씻기고 또 씻기면 정말 깨끗하고, 둥글고 예쁜 조약돌이 되듯이 매일매일 법화경이라는 우주의 진리이며, 부처님의 지혜의 말씀을 접하게 되면 몇 생을 거듭하며, 쌓인 마음의 때가 씻겨 우리의 본래 깨친 밝은 마음이 드러난다.

　우리의 마음은 하나의 큰 거울과 같다. 그 거울에 때가 두텁게 끼면 그 앞에 있는 사람도 꽃도 산도 제대로 비치지 않는다. 그러나 오랜 세월 두껍게 긴 때가 다 벗겨져서 깨끗한 밝은 거울이 드러나면, 그 거울에 삼라만상이 있는 그대로 그 모습이 드러난다. 때 없이 맑고 밝은 마음의 거울이 삼라만상을 있는 그대로 알게 되는 것이 바로 불지혜요 일체종지혜이다. 여기에서 「거울」이니 「때」니 하는 말은 「방편」으로 사용하는 비유일 뿐이다. 혜능 대사의 말처럼 본래 한 물건도 없어[本來無一物] 모든 것이 공한데 거울이 어데 있으며 때가 어데 있겠는가. 그리하여 법화경 안락행품에서 "삼라만상이 공하여 있는 그대로 실상이라고 관하라… 마치 허공같이 실로 본성이 없고 일체의 말길이 끊어지고 이름도 모양도 없고 실로 있다고 할 것이 없다.… 다만 인연 따라 있게 되고 전도 되어 생긴 것이라고 항상 관해야 한다"고 설하고 있다.

　우리 마음의 본성은 본래 깨끗함 그 자체요 밝음 그 자체인데 분별의 마음에 가려 그것을 보지 못하고 있으니 그것을 알게 하기 위해 그러한 방편의 말을 사용한다.

법화경을 만나려면 공덕을 쌓아야 한다. 법화경 보현보살권발품에서 법화경을 만나려면 부처님께서 항상 보호하고 싶은 사람이어야 하고, 깨치고자 하는 마음에서 물러남이 없는 사람이어야 하고, 자비심을 가진 사람이어야 하고, 착한 마음을 가진 사람이어야 한다고 하였다.

이러한 공덕을 쌓지 않으면 묘법연화경이라는 말법시대 사람들의 병에 좋은 약을 만날 수 없다는 것이다. 복 없는 사람은 자기의 병을 고칠 수 있는 명약이 있는 것을 모르는 사람이고, 그보다 더 복이 없는 사람은 자신의 병을 치료할 수 있는 명약이 가까이 있다는 것을 알면서도 그것을 믿지 못해 그 약을 먹지 못하는 사람이다.

이런 사람은 자기가 무엇이든 잘 안다는 아만심이 큰 사람으로 누구보다 약이 필요한 사람임에도 그 아만심 때문에 결국 병을 고치지 못하는 것이다.

9. 가르침대로 수행하기(如說修行)

(1)

법화경 보현보살권발품에 "만약 법화경을 받아서 지니고 읽고 외우고 바르게 기억하고 그 뜻을 바르게 이해하여 경에서 설한 대로 닦고 행하면 그 사람은 보현행을 하는 것이라고 반드시 알아야 한다"고 설하고 있다. 간단히 말하면 법화수행이 곧 보현행이다.

법화경에서 설한 대로 수행한다는 것은 첫째로 법화경을 받아서 지니는 것이다. 받아서 지닌다는 것은 법화경이라는 부처님의 가르침을 진심으로 믿고 받아들여 항상 지닌다는 뜻이다. 둘째는 읽고 외우는 것이다. 독송은 소리를 내어 읽되 법화경에 대한 신심이 확실히 굳게 자리

잡을 때까지 상당히 오랫동안 경의 뜻을 알려고도 하지 말고 경의 내용이 옳으니 그르니 분별하고 평가도 하지 말고 무조건 소리 내어 읽는 것이다. 셋째, 그렇게 하면 자연히 어느 시기에 가서 경의 뜻을 그대로 알게 되고 기억하게 된다. 믿음이 확고히 자리 잡혀 법화수행자로서 불퇴전의 자리에 이르면 그때는 독송하면서 또는 독송한 후에라도 독송한 구절의 뜻이 무엇인가 깊이 생각하고 기억하고 이해하려고 해도 좋다. 넷째는 경에서 설한 대로 닦아 행하는 것이다.

(2)

법화경의 수지 독송 해설 서사 이외에 경에서 설한 대로 수행하는 것을 줄이고 줄여서 요점만 보면
① 지혜를 닦고 실천하는 것과
② 자비를 닦고 실천하는 것이다.
법화경 서품에서 보살들은 "자비로 몸을 닦고 불지혜에 잘 들고 큰 지혜에 통달하여 저 언덕에 이르고 널리 중생을 제도하는 이들"이라고 밝히고 있다. 지혜와 자비를 닦고 중생을 제도하는 것이 법화수행의 핵심이다.

법사품에서 법화수행자는 일체중생에 대한 대자대비심을 가져야 하고 유화인욕심을 가져야 하고 모든 것이 공이라고 관해야 한다고 하였고, 안락행품에서도 네 가지 안락행 가운데서 지혜와 자비를 닦는 것이 핵심으로 등장하고 있다. 결국 수지 독송 이외에 지관의 명상을 통하여 지혜와 자비를 닦는 것이 법화수행의 핵심이 된다.

자비와 지혜를 닦는다고 말하지만 그것은 없는 것을 만들어내는 것이 아니고 우리 마음의 본성이 본래부터 갖추고 있는 공덕을 드러내는 것이다. 우리 마음은 본래 깨어 있는 밝음 그 자체인데 그 본래부터 깨어 있는 마음은 무엇이든 아는 전지(全知)의 마음, 즉 지혜와 중생들을 이익되게 하는 것은 무엇이든 할 수 있는 전능(全能)의 마음, 즉 자비를 갖추고 있다. 그러나 「나」라는 관념과 그것에 기인한 이기적인 마음 때문에 그러한 무한한 공덕이 빛을 발하지 못하고 있다. 자비를 닦고 지혜를 닦는다는 것은 결국 우리 마음의 공덕을 가로막고 있는 「나」라는 관념과 이기심을 걷어내어 마음의 본성인 지혜와 자비가 자연히 드러나게 하는 수행에 불과하다.

(3)

그렇게 하려면 지관의 명상을 통하여 삼라만상이 연기적 존재이기 때문에 그 본성은 자성이 없는 것이라고 깨쳐야 한다. 그래서 법화경 안락행품은 조용하고 한가한 곳에 앉아 마음을 거두어들여 닦고 일체 삼라만상이 공하여 있는 그대로 실상이라고 관하라 한 것이다.

마음을 거두어들여 고요하게 쉬는 것이 지(止)의 수행이고 우리 마음과 일체 현상이 공이라고 관하는 것이 관(觀)의 수행이다. 이와 같은 지관의 명상을 통하여 공을 철저히 깨치는 것이 바로 지혜요, 공을 깨쳐야 비로소 「나」라는 아상(我相)이 죽고 아상이 죽어 없어져야 진정한 자비가 완성된다.

공을 깨닫고 자비가 완성되기 전까지는 우선 다른 사람들에 대하여 친부모나 자식같이 생각하여 배려하고 도우려는 의식을 갖는 것이 중요하고 우리는 본래 남을 위해 사는 존재라는 연기법을 깨치고 지금 하고 있는 일이 모두 내가 아닌 남을 위해서 하는 일이라는 「의식」을 가지고 하고 있는 일을 열심히 해 나가는 것이다.

남을 위해 특별히 다른 무엇을 하지 않아도 된다. 현재하고 있는 일이 바로 남을 위한 일이기 때문이다. 문제는 의식이다. 지금 하고 있는 일이 「나의 돈벌이를 위한 일」이 아니고 「남을 살리고 남을 이롭게 하는 일」이라는 의식과 마음을 가지면 되는 것이다.

(4)

물론 그렇게 하고서도 여유가 있어서 참으로 어려움에 처해 있는 다른 사람들을 위하여 특별히 돕는 일을 하면 더욱 좋을 것이지만 우선순위로 보면 역시 지금 하고 있는 일에 대한 마음과 의식을 바꾸는 일이 먼저다.

참기름을 만들 때 자기집의 귀한 자식들이 먹는다고 생각하고 만들고 고추나 배추를 재배할 때도, 과자를 만들 때도, 자동차를 만들 때도, 환자를 치료할 때도, 학생을 가르칠 때도 모두 자기의 귀한 자식을 위하여 일한다고 생각하는 것이 다름 아닌 이타행이요 자비행이다.

스티브 잡스가 제품을 만들 때 돈 벌기 위하여 일한 것이 아니고 자기 가족이 쓸 물건을 만든다고 생각했다고 한다. 일본의 마쓰시타 고노스케는 제품을 생산할 때 사람들이 수돗물처럼 싸게 쓸 수 있는 전기제품을 만든다고 생각했지 이윤을 생각하지 않았다고 하며, 3년만에 JAL을 파산의 위기에서 구한 이나모리 가즈오 역시 정직하고 윤리적이며 남을 배려하는 기업경영으로 「교세라」를 굴지의 대기업으로 만드는 데 크게 성공하였다. 이분들의 성공사례는 기업이라고 무자비(無慈悲)하게 자기 이익만 생각해야 성공하는 것이 아니고 남을 위하여 남을 배려하면서 제품을 만들어도 성공한다는 산 교훈을 우리에게 보여주고 있다. 사업 따로 수행 따로가 아니고 사업이 곧 수행이다. 생활과 수행이 별개가 아니고 생활이 곧 수행이다. 수행이란 마음을 닦고 그 닦은 바를 그대로 사업과 생활 속에서 행하는 것이다.

(5)

지관수행의 요체는 명상 아닌 명상으로 마음속에 일어났다 사라지는 생각과 감정을 깨어 있는 마음으로 알아차리고 지켜보는 것이다. 이렇게 본래의 「앎」 속에서 쉬면서 마음의 본성을 조용히 바라보는 것과 「친숙해지는 것」이 바로 명상 아닌 명상이요 공의 지혜와 자비를 닦는 명상이다.

조용하고 한가한 곳에 앉아 마음을 거두어들여 닦고 모든 삼라만상이 공이라고 관하는 지관의 명상과 오랫동안 친근하게 되면 걸으면서도, 공원의 벤치에 앉아 쉬면서도, 음식점에서 음식을 기다리는 동안에도, 지하철을 타고 가는 동안에도 명상 아닌 명상을 할 수 있게 된다.

이와 같이 항상 법화경을 가까이 두고 독송하고 사경하는 일과 친숙해지고 지혜와 자비를 닦는 지관의 명상과 친근하게 되면 법화수행자는 일체의 고통에서 해방되어 마음의 평화를 얻고 일체종지(一切種智)를 깨쳐 성불하게 된다는 것이 법화경의 큰 가르침이다. 그리고 이것이 바로 다름 아닌 보현행(普賢行)이다.

10. 마음 편히 행복하게 사는 길

첫째, 인간이 살면서 경험하는 모든 괴로움과 고통은 「나」라는 존재에서 시작하고 그 「나」에서 끝난다. 괴로움의 원인도 나요, 그 괴로움으로 고통스러워하는 것도 나 자신이다.

어떤 「미팅」에서 미인을 보고 짝사랑에 빠져 괴로운 것도, 내 눈이 그 여성을 「보고」 미인이라고 마음으로 「분별」하여 사랑하고 싶은 강한 욕망 즉, 「애착」이 생겼는데 그 사랑하고 싶은 욕망이 충족되지 않아서 「괴로운 것」이다.

어떤 사람은 모욕적인 말을 직장의 동료로부터 「듣고」 기분이 몹시 나쁜 나머지 그 말을 한 사람에 대한 강한 「증오심」이 생겨 괴롭다. 이 두 경우에 내가 눈과 귀와 마음으로 대상을 「미인」이라고, 또는 기분 나쁜 「모욕적인 말」이라고 「분별」하고, 그 분별의 결과로 강한 「집착심」이 생기고, 그 집착 때문에 내 마음이 괴롭다. 결국 괴로움의 원인은 「나」라는 것이다.

둘째, 「나」라는 말이 지칭하는 대상이 나의 「몸과 마음」인데, 이 몸과 마음은 수시로 끊임없이 변하여 고정불변한 실체라고 할 수 없다. 마치 하늘에 떠다니는 구름처럼 모습이 계속 변하고 공허하여 실체가 있는 존재라고 할 수 없다.

광화문에 모인 데모 군중은 수시로 모였다 수시로 헤어진다. 그 군중에 실체성이 없듯이 무수한 세포가 모인 이 몸과 수시로 변하는 이 마음에 무슨 실체성이 있겠는가. 그러므로 「나」라는 존재는 본질상 실체성이 없는 공(空)이므로 「나」는 공허한 관념일 뿐이다. 두 살 때 헤어진 아이를 그가 80세가 되었을 때 만난다면 도저히 같은 사람으로 알아 볼 수 없을 것이다. 그러한 「나」를 어떻게 실체가 있다고 하겠는가.

셋째, 그럼에도 불구하고 우리는 마치 「나」라는 것이

고정불변의 실체가 있는 존재라고 착각하고 있다. 있는 듯 보이지만 실은 실체가 없는 「나」라는 존재를 굳게 믿고, 그 「나」를 위하여 남을 해치고 죽이기도 하고 그 「허구의 나」 때문에 괴로워한다. 공허한 무지개를 갖지 못하여 어떤 사람이 괴로워한다면 모든 이들이 웃을 것이다. 무지개와 같이 「공허」한 「나」라는 존재를 무척 귀중하게 생각하므로 누가 「나」를 모욕하면, 그 모욕한 사람을 죽이기도 한다. 이와 같이 나를 중히 여기는 것은 마치 병원에서 갓난아기가 바뀐 줄 모르고 「남의 자식」을 친자식인 줄로 알고 그 자식을 애지중지 고생고생 키우며 마치 노예가 주인에게 하듯이 그가 원하는 것을 다 들어주는 것과 같다.

지금 우리가 사는 모습은 「허구의 나」를 마치 노예가 주인에게 하듯이 섬기며 사는 꼴이다.

넷째, 모든 괴로움의 원인인 「나」라는 것이 한낱 「허구의 관념」에 불과하고, 실체적 존재가 아니라는 것을 몸과 마음으로 확실하게 깨치면, 괴로움으로부터 해탈하고 마음의 평화와 행복을 얻을 수 있다.

그리고 이 「나」의 허구성을 깨치려면 불교의 수행을

해야 한다. 「화를 자주 내면 건강에 해롭다」라는 것을 의사로부터 들어서 알고 있다고 하더라도, 실제로 화나는 경우를 당하면 자기도 모르는 사이에 불끈 화를 낸다. 그만큼 「나」라는 생각이 우리의 마음 깊은 곳에 각인되어 있고 뿌리를 내리고 있기 때문이다. 그리고 그것이 하루 이틀에 생긴 것이 아니고, 무수한 생을 거듭하면서 깊게 뿌리내린 것이기 때문에 쉽게 뽑아낼 수 없는 것이다. 그러므로 꾸준한 수행이 필요한 것이다.

다섯째, 수행을 통하여 깨칠 때 비로소 「허구의 나」가 죽고 그 대신 「새로운 나」가 우리 마음에 자리한다. 새로운 나는 이기적인 나가 아니라 사랑과 자비의 「나」요, 분별과 집착의 나가 아니라 분별과 집착의 속박에서 해방된 자유로운 「나」요, 무심의 나이다. 그때 비로소 구름이 걷히면 밝은 해가 드러나듯이 본래의 완전한 인간의 모습이 드러난다. 그것이 '진짜 인간' 즉 진인(眞人)이다.

(1)

이 세상에 살고 있는 사람은 누구나 나 행복하길 바

란다. 궁극적으로 볼 때 사람은 자기가 원하는 것을 얻을 때 행복해 하고 고통과 괴로움이 없을 때 행복을 느낀다. 어떤 사람도 그가 원하는 것을 모두 다 가질 수 없고, 원하는 것을 얻지 못하면 마음이 괴롭기 때문에 결국은 누구나 다 괴로움과 고통을 피할 수 없다. 그러므로 인간 세상에서 누구나 괴로움은 피할 수 없고, 괴로움과 함께 살고 있다고 할 수 있겠다. 그런 의미에서 인간 세상을 고해(苦海)라고 불러도 이상할 것이 하나도 없다. 괴로움과 고통은 거의 매일 우리를 엄습하고 있다. 어제까지 괜찮던 몸이 감기가 걸리든가 허리에 통증이 생겨 고통을 받을 수 있고, 사무실에서 굉장히 모욕적인 말을 듣고 기분 나쁘고 굉장히 화가 나서 마음이 몹시 괴로울 수도 있다.

(2)

이렇게 거의 매일 괴로움과 더불어 살고 있는 사람들이 그 괴로움에서 해방되고 마음의 평화와 행복을 얻으려면 우선 그 괴로움의 원인이 무엇인지 그리고 그 괴로움이 어떤 경로를 통하여 발생하는지, 그 '메커니즘'을 안다면 괴로움에서 해탈하려는 우리의 노력은 반 이상 성공한 것이나 다름없다. 고의 원인을 알면 그 원인을 제거할 수 있고, 원인이 제거되면 고는 자연 소멸할 것이기 때문이다.

(3)

그러면 고($\ddot{苦}$)의 원인이 무엇일까 한번 깊이 생각해 보기로 하자. 어떤 여성이 친구를 만났는데 그녀가 굉장히 예쁜 명품 핸드백을 가지고 있는 것을 보고 자기도 하나 갖고 싶은 강렬한 욕망이 생겼다. 그러나 그 여성은 돈이 충분치 못하여 그 강렬한 욕망을 충족시킬 수 없어 큰 좌절감을 느끼고, 마음이 몹시 괴롭다. 이 여성의 경우 괴로움의 직접적 원인은 핸드백을 갖고 싶은 욕망이다. 그러나 그 욕망은 친구가 가진 핸드백을 눈으로 보고 참으로 예쁘다고 생각한 결과로 생긴 것이므로 눈으로 본 것과 그 눈에 띈 친구의 핸드백과 그것이 예쁜 백이라고 판단한 그 여성의 마음이 모두 원인이 되었다고 할 수 있다.

(4)

　간단히 설명하면 그 여성의 괴로움은 예쁜 명품 핸드백에 대한 그녀의 「집착」이 원인이고, 그 집착은 '아름다운 핸드백'이라는 「분별」(이것을 불교에서는 망상이라고 부른다)이 원인이고, 이 분별의 원인은 「눈으로 본 것」이 원인이다. 그 여성이 앞을 볼 수 없는 시각장애인이었다면 그 핸드백을 볼 수 없었을 터이고, 따라서 그것을 가지려고 「애착(愛着)」하지 않았을 것이다. 강하게 애착하지 않았으면 심한 좌절감과 그에 따른 고통도 없었을 것이다. 눈으로 보고 아름답다고 분별하고 가지려고 「애착한 주체」는 다름 아닌 그 여성의 「몸과 마음」이다. 눈이 바로 다름 아닌 몸이고 분별하고 애착하는 것이 마음이니, 애착의 주체를 몸과 마음이라 보는 것이다.

(5)

　누군가로부터 모욕적인 말을 듣고 자존심이 너무 상한 나머지 그 말을 한 사람이 몹시 미워서 몇 일간 괴로움에 시달린 경우에 있어서도 그 괴로움이 생기는 경로는 위

여성의 경우와 같다. 귀로 모욕적인 말을 듣고 「나」의 자존심이 무척 상했고, 그로 인하여 그 말을 한 사람에 대한 미운 감정이 생긴다. 그 증오심은 즉시 사라지지 않고, 심한 경우는 몇 날 며칠을 마음속에 남아서 괴롭히고, 때로는 평생 동안 잊혀지지 않고 남는 경우도 있다. 우리의 마음은 외계의 「대상」을 「분별」하여 좋은 것은 사랑하고 가지려고 「집착」하고 싫은 것은 미워하고 배척한다. 싫은 대상에 대한 미운 감정이 마음에 오래 남아 있는 것도 「집착심」인 것은 마찬가지이다. 결국 모욕적인 말을 듣고 자존심이 상한 것은 바로 「나」에 대한 공격으로 여겼기 때문이다. 여기에서도 증오심 때문에 생긴 괴로움을 거슬러 올라가면 결국 그 말을 듣고 「모욕적인 말」이라고 「분별」하고 판단한 「나」라는 원인에 도달한다. 만일 「나」에 대한 자존의식이 없고, 더 나아가서 「나」라는 의식 자체가 없다면 누가 모욕적인 말을 해도 마음 상하는 일은 결코 없을 것이다. 그러나 불행히도 대부분의 사람들은 누구나 거의 예외 없이 「자존심」과 강한 「나」라는 의식을 가지고 있으므로 그로부터 비롯한 괴로움을 피할 수 없다.

갖고 싶은 욕망의 집착심이 충족되지 않아 괴롭건 모욕적인 말로 생긴 증오의 집착 때문에 괴롭건 모든 괴로움의 직접적 원인은 「집착」이고 그 집착의 원인은 바로 대상에 대한 「분별」이고, 그 분별의 원인은 「나」라는 개체의식이다. 이 「나」라는 관념과 의식을 금강경에서는 「아상(我相)」이라 부르는데, 이 아상은 삼라만상의 진실된 모습 즉, 실상(實相)을 모르는 무명(無明) 때문에 생긴 것이라고 불교에서는 보고 있다.

우리는 보통 모든 경험의 주체인 우리의 「몸과 마음」을 「나」라고 부르지만, 그 「나」는 어떤 실체를 가리키는 것이 아니고, 하나의 「관념」, 즉 「나라는 관념」이라는 것이다. 따라서 고의 원인은 다름 아닌 「나라는 관념」이기 때문에 「나」라는 것이 왜 실체가 아닌 「관념」에 불과한 것인지를 우선 알아야 하겠다. 그리고 이러한 실체가 아닌 「나」라는 관념이 생겨나게 된 원인은 우리가 삼라만상의 실상 즉, 진실된 모습을 모르는 무명(無明) 때문이다. 우리가 우주의 실상을 모르는 것이 곧 무명이고, 이 무명이 원인이 되어 실재하지도 않은 「허구의 나」, 관념의 「나」를 세우고 이 관념의 「나」로 인하여 모든 괴로움을 경험하게 된다는 것이다.

(7)

모든 경험의 주체인 「나」라는 「몸과 마음」도, 갖고 싶은 욕망을 불러일으킨 핸드백이나 나를 화나게 만든 모욕적인 말이라는 「대상」도 모두

① 연기적 존재요,

② 연기적 존재이기 때문에 그 존재의 본질은 모두 실체가 없는 공(空)이요,

③ 연기적 존재는 모두 서로서로 의존하여 존재하므로 결코 홀로 존재할 수 없다.

그리고 이것이 바로 우주 삼라만상의 실상(實相) 즉, 진실된 모습이다. 이것을 모르는 것을 무명(無明)이라고 부른다. 이 무명 때문에 실체가 없는데도 불구하고 「나」가 실제로 자체적으로 존재하는 것이라고 생각하고, 「대상」도 실체로서 존재하는 것이라고 생각하므로 고통과 괴로움을 받게 된다.

(8)

첫째로 연기적 존재라는 것은 여러 가지 다른 요소들이 인연 따라 모였다가 인연이 다하면 흩어지는 존재를 말한다. 시청 앞에 모인 데모 군중들이 데모를 하기 위하여 모이면 「데모대」라고 부르는데, 한 사람 한 사람이 모여서 데모대가 형성되었다가, 데모가 다 끝나면 또는 도중에라도 곧 흩어져 없어진다. 「집」이라는 존재도 흙, 벽돌, 시멘트, 목재, 철근 등이 인연 화합하여 이루어진 하나의 구성체인데, 인연이 다하면 흩어져 없어진다. 「나」라는 몸과 마음도 세포들로 구성된 몸[色]과 느낌[受]과 인식[想]과 업을 짓는 작용인 행(行)과 분별하는 의식 즉, 식(識)의 다섯 가지 요소가 인연 화합하여 구성된 연기적 존재이다.

(9)

둘째로, 연기적 존재는 본질상 독자적인 실체가 없는 공(空)이다. 즉, 인연화합체인 연기적 존재는 그의 본질과 본성이 실체가 없는 공이라는 것이다. 구성요소들이 인연 화합할 때 비로소 구성체의 존재가 생기고 그때 비로소「집」이란 관념과 이름이 생긴다. 집 자체의 성질은 그것을 구성하는 요소를 떠나서 독자적으로 존재하는 것이 아니다.「나」라는 존재는 어머니 뱃속에 있을 때, 한 살 때, 10살 때, 40살일 때, 80세일 때 그 모습도 그 마음도 모두 다르다. 한 살 때 헤어졌다가 40세 때 만나면, 그 모습과 성격이 다 변하여 도저히 같은 사람이라고 할 수 없다. 더구나 우리의 몸의 세포는 수시로 소멸하고 또 새로이 생긴다. 그러니 어제의「나」와 오늘의「나」는 같은「나」가 아니다. 더구나 마음은 수시로 변하니, 어떻게 몸과 마음이라는「나」가 고정불변의 실체가 있다고 할 수 있겠는가. 그것은 계속 모습을 바꾸면서 흘러가는 구름이나 잠시 하늘에 나타난 무지개처럼 실체가 없는 공허(空虛)한 것이다. 그러므로 고정불변의「나」가 자체적으로 존재한다는 것은 하나의「허구적인 관념」일 뿐이다.「나」라는 것이 지칭하는 고정불변의 개체가 존재한다는 것은 실체가 없는 공허한 관념일 뿐이요, 이름일 뿐이다. 마찬가지로「핸드백」도「모욕적인 말」도 실체가 없이 공허한 것이다.

　우리들은 흔히 삼라만상을 주로 겉모습만 보고 인식하고 분별하는데, 이러한 인식과 분별은 사물의 실상과 거리가 먼 것이라는 것이다.

　겉모습만 보면 눈과 얼음과 구름은 모양도 이름도 전혀 다른 존재이다. 그러나 물이란 성질에서 볼 때 구름과 눈과 얼음은 모두 같다. 물이란 성질에서 볼 때 구름은 구름이 아니고 물이요 눈도 눈이 아니고 물이다. 더 나아가서 물의 분자를 산소와 수소 원자로 쪼개고, 산소와 수소 원자를 쪼개서 미립자에 이르고, 그 미립자를 더 쪼개고 또 쪼개면 초극미의 미립자에 이르고, 그것을 더 쪼개면 허공에 가까운 물질이 나온다. 이 물질은 찰나에 생겼다 찰나에 없어지기 때문에 있다고도 할 수 없고, 없다고도 할 수 없는 상태라고 한다. 그야말로 실체가 없는 공(空)이기 때문에 불교에서는 그것을 가리켜 물질이 곧 공[色卽是空]이요, 공이 곧 물질[空卽是色]이라고 부른다.

　물질인가 하면 공이고, 공인가 하면 물질인 상태로서 물이란 성질을 찾아내려 해도 찾을 수 없다. 물의 본질을 찾고자 물의 분자를 쪼개면, 수소원자와 산소원자가 나오는데 그 두 원자 어디에서도 물의 성질을 찾을 수 없다. 물의 성질은 수소원자 2개와 산소원자 하나가 인연 화합하여 물의 분자(H_2O)를 만들 때 비로소 생긴다. 이때 비로소 물이란 관념과 이름이 생긴다. 그러므로 「물」이란 것도 본질적 실체가 없는 이름일 뿐이다.

같은 이치로 바위도 본질적 실체가 없는 이름일 뿐이다. 물과 바위는 겉으로 보면 다른 존재지만 본질이 공이란 면에서 보면, 전혀 다른 존재가 아니고 같다고 할 수 있다. 사과와 배는 모양도 맛도 다르다. 그러나 그것들을 분쇄하여 분자 수준 이하로 쪼개면 사과와 배의 모양은 말할 것도 없고, 그들의 독특한 맛까지도 없어진다고 한다. 그러므로 사과와 배가 어떻게 본질적으로 각각 독자적 실체가 있는 것이라고 하겠는가. 만일 독자적 실체가 있는 것이라면, 얼마를 쪼개고 또 쪼개도 그 맛은 그대로 있어야 한다.

까마귀와 까치도 겉으로 보면 모양도 이름도 다르지만, 본질이 공이란 측면에서 보면 전혀 다르지 않고 같다. 그러므로 까마귀를 「흉한 새」로 분별하고 인식하여 까치보다 천시하는 것은 우리의 착각이다. 이렇게 보면 물이 물이 아니고, 허구의 이름일 뿐이듯이 「나」도 「나」가 아니고, 「허구의 관념」이요, 이름일 뿐이다.

불교에서는 「나」를 색, 수, 상, 행, 식의 다섯 가지 요소 즉 오온(五蘊)이라고 부른다. 그렇게 부르는 데는 그럴 만한 이유가 있다. 그것은 「나」는 다섯 가지 요소의 인연 화합체라는 뜻이다.

몸과 같은 「하나의 개체」를 가리켜서 「나」라고 하면, 그 하나인 개체가 실재하는 「나」라고 생각하기 쉽지만 다섯 가지 요소가 「나」라고 하면, 그 중의 어떤 것을 가리켜서 「나」라고 할 수 없다. 즉, 「나」라는 관념을 쉽게 버릴 수 있다.

소를 잡아서 가죽, 뼈, 등살, 갈비살 등 부위별로 해체하면 「소」라는 관념은 사라지고, 그 대신 소고기, 소가죽, 소뼈 등의 관념과 이름이 생겨나듯이 색, 수, 상, 행, 식 등 다섯 가지 요소로 우리의 「몸과 마음」을 해체하면 몸과 마음을 가리키는 「나」라는 관념은 없어진다. 따라서 「나」라는 것은 실체가 없는 허구의 관념일 뿐이다.

(11)

셋째로 연기적 존재는 서로가 서로에게 의존하여 존재

156

하므로 홀로 존재할 수 없다.

산소와 수소가 인연 화합한 물은 그 어느 것 하나라도 없으면 안 된다. 인간관계와 사회관계는 연기적 관계이기 때문에 홀로 존재할 수 없다. 사람들이 모여서 형성된 인간관계는 서로가 서로에게 의존해 있고 그러한 의존관계 속에서 우리는 살아간다.

학생과 선생님의 관계는 상호의존 관계이므로 학생은 배우기 위하여 선생님에게 의존하고, 선생님은 가르치기 위하여 학생을 필요로 한다. 학생이 없으면 선생님은 존재할 수 없다. 의사도 환자를 치료하기 위하여 존재하고 환자는 병을 고치기 위하여 의사를 필요로 한다. 환자가 없으면 의사는 존재할 수 없다.

이와 같이 「나」는 「남」을 위해 존재하고 「남」은 「나」를 위해 존재하고 살아간다. 그런데도 우리는 오로지 혼자 살 수 있는 것처럼 자기의 이익만 챙기고, 심지어는 자기의 이익을 위해 남을 해친다. 삼라만상이 모두 연기적 존재라는 것은 누구도 홀로 살 수 없고, 오히려 우리는 본래 모두 「남」을 위해 사는 존재라는 것이다. 그럼에도 불구하고 그러한 진리를 망각하고 오직 「나」의 이기직 본능의 노예로 전락한 것이다.

이 「나」라는 이기심이 우리의 모든 괴로움과 고통의
원인이고, 그것은 「나」라는 존재는 본래 「남」을 위하여
살게 되어 있는 존재라는 진리를 모르는 무명에 기인한
것이다.

(12)

이 허구적인 「나」는 나라는 생명체를 계속 유지해 나
가려는 맹목적인 「생존본능」으로 나타난다. 생존본능은
지극히 이기적인 본능으로 모든 것을 생존을 위협하는
것과 생존에 유익한 것으로 「분별」하여 위협하는 것은
배척하고, 심지어는 죽여 없애려고 하고 반대로 유익하
고 필요한 것은 가지려고 「집착」한다.

이 세상에 생존에 필요한 자원은 한정되어 있으므로
살아남기 위한 치열한 생존경쟁이 인간세상의 일상이
되었다. 인간이 살아가면서 느끼는 모든 불안과 두려움
은 혹시나 살아남지 못하고 죽는 것은 아닐까, 생존경쟁
에서 지는 것은 아닐까 걱정하는 본능적 두려움이다. 이
와 같이 생존본능과 그것의 바탕이 되는 「나」라는 이기
적 관념이 우리의 깊은 심층의 마음에 자리잡고 있는 한

「시비분별」과 「집착」과 「두려움」을 비롯한 괴로움과 고통은 제거할 수 없다.

이 세상을 살면서 경험하는 모든 괴로움과 고통의 뿌리인 저 허구의 「나」라는 생각을 뿌리 째 제거할 때, 생존본능과 시비분별과 집착이 소멸하고 따라서 괴로움도 소멸하게 된다.

(13)

보통사람들은 삼라만상의 「겉모습[相]」만 보고 「분별」하고 「집착」한다. 그리하여 그러한 집착을 타파하기 위하여 삼라만상의 본성(또는 본질)이 실체가 없는 「공(空)」이라는 약을 처방한 것이다. 그러나 공이 전부라고 집착하면 그것도 병이 된다. 특히 공이라고 집이나 무지개가 전혀 존재하지 않는 무(無)라고 오해하여서는 안 된다. 실체가 없어도 있기는 있는 것이다. 무지개는 실체가 없는 공허한 존재이긴 하지만 전혀 없는 것은 아니다.

큰 돌덩이는 겉은 단단한 물체지만 그 본질은 실체가 없는 공이다. 단단한 물체만이 돌의 전부라고 보아도 아니 되고 그렇다고 돌의 본질인 공이 돌의 전부라고 해도 아니 된다. 돌의 실상은 단단한 물체이면서 동시에 본질은 공이라는 것이다.

「나」의 본질, 나의 본성이 실체성이 없는 공(空)이라고 알 때 「나」에 대한 집착이 소멸한다. 우리의 저 깊은 마음에서 「나」에 대한 집착이 뿌리 째 뽑혀 없어져야 분별과 집착, 그리고 그로부터 생기는 괴로움과 고통이 소멸하고 비로소 「남」에 대한 「사랑」과 「자비심」이 생겨난다. 마찬가지로 대상의 본질이 실체가 없는 공이라고 알아야 비로소 「대상」에 대한 집착도 없어진다.

「나」라는 개체는 실체는 없어도 여전히 이 세상을 살아가는 부정할 수 없는 주체이고 모든 경험의 주체이다. 비록 허구적인 「나」이지만 음식을 먹는 것도 「나」요, 말을 하는 것도 「나」이고 수행을 하는 것도 「나」요, 남을 돕는 것도 「나」이다. 일단 「나」의 허구성이란 본질을 알고 난 후의 「나」는 예전의 나가 아니다. 새로운 나는 「나」에 대한 집착과 「대상」에 대한 집착이 모두 소멸한 「나」이고, 마음에서 모든 「분별의식」이 소멸한 무심의 「나」다.

이 경지에 이른 「나」는 삼라만상의 실상을 깨친 나요, 모든 것을 있다 없다, 좋다 나쁘다 분별하지 않고 부처님처럼 생사도 없고, 일체의 사물을 같은 것도 아니요 다른 것도 아니고, 좋은 것도 아니고 나쁜 것도 아니요, 실도 아니고 허도 아니라고 보는 새로운 존재이다.

보통사람들은 눈과 구름은 다르다고 보지만, 실상을 깨달은 사람은 눈과 구름은 겉으로 보면 다르나 본질에서 보면 같다고 본다. 그러므로 눈과 구름은 같은 것도 아니요, 다른 것도 아니다.

(14)

이제 우리는 괴로움과 고통의 원인이 무엇인지 알았고, 그 괴로움으로부터 벗어나려면 「나」와 「대상」이 본질상 모두 실체가 없는 공이라는 진리를 깨쳐야 한다는 것을 알았다. 그러나 「나」라는 관념은 하루 이틀에 생긴 것이 아니고, 무수한 생을 거쳐 우리의 깊은 심층의 마음속에 각인되고 뿌리내린 것이기 때문에 쉽게 죽지 않는다.

오랜 수련과 철저한 깨달음이 있어야 제거가 가능하다. 화를 내는 것이 건강에 해롭다는 것을 알기는 알지만 화나는 경우를 당하면 부지불식간에 화를 내게 되듯이, 「나」가 허구적인 존재임을 안다 하더라도 그것의 제거라는 실전은 결코 쉽지 않다. 단순히 아는 것과 실천은 다르다. 아는 것과 실천이 일치하여 아는 것이 곧 실천이 되려면 몸과 마음으로 확실히 깨쳐야 한다.

(15)

괴로움이 생기면 보통사람들은 그 괴로움과 고통을 해소하는 자기 나름의 방법을 사용한다. 어떤 사람은 술로 달래고 어떤 사람은 등산이나 운동으로 잊으려 한다. 때로는 욕심을 줄여보려고 노력한다. 그러나 욕심을 줄이는 것이 결코 쉬운 일은 아니다.

배우자 때문에 괴롭다고 생각하고 배우자와 이혼을 함으로써 괴로움으로부터 벗어나려고 한다. 이러한 방법으로도 되지 않을 때, 어떤 사람들은 최후의 수단으로 자살을 택하기도 한다. 그러나 자살로 문제가 해결되는 것은 아니다. 그것은 우리의 생이 금생으로 끝나지 않고 내생으로 이어지기 때문이다.

이러한 자기 나름의 해법은 괴로움이 그렇게 심한 것이 아닐 때는 그럭저럭 통한다. 그러나 하던 사업이 갑자기 부도의 위기에 처한 때처럼 매우 심각한 수준의 근심과 괴로움이 닥칠 때는 나름대로의 해법은 아무 소용이 없다. 그러한 해법이 근본 원인과 아무런 관계가 없는 처방이기 때문이다.

(16)

따라서 괴로움에 대한 보통사람들의 해법은 모두 미봉책에 불과하다. 그것은 근본적인 해결책이 되지 못한다. 근본적인 해법은 근본적이고 궁극적인 고의「원인」을 제거할 때 가능하다. 우리는 앞에서 모든 불안과 근심과 괴로움의 궁극적「원인」은

① 삼라만상이 연기적 존재요

② 그 연기적 존재는 모두 본질이 공(空)이며

③ 연기적 존재는 서로서로 의존해 살아간다는 진리를 모르는「무명」이라는 것을 보았다.

이 무명 때문에「나」라는 헛된 관념이 생기고, 이「나」가「대상」을「분별」하고「집착」함으로써 괴로움이 생긴다는 것을 알게 되었다. 그러므로 괴로움에 대한 궁극적 해결책은 삼라만상의「실상을 바로 깨치는 것」이다. 그것은 모든 연기적 존재는 그 본질이 공이라는 것을, 그리고 홀로 손재할 수 없나는 것을 바로 알고 깨

치는 것이다.

(17)

삼라만상의 실상을 깨달으려면 불교수행을 해야 한다. 그 깨달음을 얻기 위한 수행법은 여러 가지가 있지만 여기에서는 우리나라 스님들이 주로 하고 있는 「간화선」에 대비하여 재가 불자들에게 적합한 「법화수행」을 소개하고자 한다.

「간화선」이란 부모에게서 태어나기 전, 「나는 무엇이던가」 또는 「개에게도 불성이 있는가」라는 질문에 조주 스님이 「무(無)」라고 대답하였는데, 그 「무」가 무엇인가 하고 큰 「의문」을 가지고 주야로 끊임없이 참구하는 수행법이다.

이것을 화두(話頭)라고 부르는데, 그 화두를 사유하는 것이 아니고 그냥 「무」 또는 「무엇인가?」에만 온 마음을 집중하여 마음속에 일어나는 수백 가지 망상을 제압하는 것이다. 선가에서는 「무」라고 대답한 것이 무슨 뜻일까 하고 이 생각 저 생각 하는 것이 아니고, 생각 없이 그냥 「무」자 하나에 온 마음을 집중하는 것(그것을

「의단」또는 「의심」이라고 부름)을 화두를 참구한다고 한다.

그렇게 주야로 화두를 붙들고 정진하다 보면 어느 순간 어떤 계기에 견성(見性)하고 깨친다고 한다.

이 간화선은 출가하여 불철주야 정진할 수 있는 전문적인 수행자가 아니면 감히 하기 힘든 수행법이다. 그렇기 때문에 성철스님을 비롯한 많은 스님들이 수년씩 불철주야로 정진에 정진을 계속하였고 지금도 산중에서 정진하고 있다.

시장에서 공장에서 또는 다른 일터에서 매일매일 바쁘게 살고 있는 보통사람들은 감히 엄두도 낼 수 없는 수행법이다.

(18)

그러므로 부처님께서는 말법시대의 사람들에게 누구나 쉽게 할 수 있는 법화수행법을 남기셨다.

말법시대는 불법이 쇠퇴하는 시대로서 매우 혼탁하고 먹고 살기가 힘들어, 생존경쟁은 더욱 치열하여 사람들의 심성이 극도로 험악해진 시대를 말한다. 그러므로 사람들이 시장에서 공장에서 그리고 다른 일터에서 먹고 살기 위하여 지극히 힘들고 바쁘게 살고 있다. 그러다 보니 「스트레스」도 심하고 여러 가지 근심 걱정과 괴로움에 시달리고 있으며 자연히 수행 같은 것, 특히 많은 시간과 노력을 필요로 하는 수행에는 관심을 갖지 않는다. 이러한 이 시대의 사람들에게 적합한 비교적 하기가 쉬운 수행법이 법화수행이다.

법화수행이란 모든 강물이 모여드는 바다와 같이 그동안 부처님의 모든 가르침이 다 종합되어 있는 묘법연화경을 ① 믿고 받아서 읽고 외우고 쓰고 해설하는 것 그리고 ② 묘법연화경에서 설한 대로 마음을 닦는 것을 말한다.

매일 일하기 전이나 일하고 난 후 틈틈이 경을 독송하거나 사경하면 되는 지극히 행하기 쉬운 수행이다.

경에서 설한 대로 마음을 닦는 수행은 주로

① 삼라만상이 본질상 공(空)하므로 분별하지 말고 있는 그대로 실상이라고 보는 수행,

② 항상 깨어 있어 「예쁜 백」이나 「기분 나쁜 말」이 마음으로 들어오고, 또 마음에서 일어나는 번뇌 망상을 모두 알아차리고 경계하여 참고,

③ 일체중생에 대하여 큰 자비심을 내는 수행으로 요

약된다.

법화경과 법화수행은 누구나

① 일체의 고통에서 벗어나게 하고,

② 원하는 바를 얻게 하고,

③ 탐심, 증오심, 치심(무명), 질투심, 아만(아상)에 기인한 고뇌로부터 벗어나게 하고,

④ 몸과 마음을 깨끗하게 정화하고,

⑤ 궁극적으로 성불하게 한다.

이와 같이 틈틈이 법화경을 자주 접하게 되면 바닷가의 조약돌이 바닷물에「깨끗하고 둥글게」씻기듯이 생존 본능이란 이기적 마음인 아상(我相)과 그에 근거한 시비 분별과 집착으로 더러워질 대로 더러워진 우리의 몸과 마음이 정화된다. 그리하여 하늘에 덮인 검은 구름이 걷히면, 자연히 밝은 태양과 푸른 하늘이 드러나듯이 우리가 본래부터 가지고 있는 지혜롭고 자비로운 깨어 있는 본성(불성)이 드러난다.

이것이 이기적인 허구의「나」를 죽이고 그 자리에 항상「남」을 배려하고, 사랑하는 마음이 자리잡게 하여 타고난 대로 남을 위하여 일하며 살게 만드는 수행법이다. 그러면 법화경이라는 우주의 진리 자체의 도움으로 우리

의 마음속에 있는 본래의 부처가 드러나서 「마음 편히 행복하게」 살아갈 수 있다.

(19)

아무리 살아가기 어려운 시대라고 하더라도 「밥 먹고 살면 그만이지」 하고 먹고 사는 일만으로 평생을 살 수 는 없다. 「즐겁게 살면 됐지 더 이상 무엇이 필요해」 하며 오로지 육체적 물질적 즐거움만을 추구하며 살 수는 없 다. 「남에게 해 안 끼치고 살면 그만이지」 하며 남이야 어렵게 살며 괴로움에 시달리건 상관치 않고 오직 자기 잇 속만 챙기는 일에 매달려 평생을 살다, 어느 날 갑자기 허무한 죽음을 맞을 수는 없는 것이다.

우리가 이 세상에 「사람의 모습」을 하고 태어난 이유 가 저 짐승들도 하는 「먹고 사는 일」, 「즐기며 사는 일」, 「자기 잇속만 챙기는 일」만 하며 사는 데 있는 것은 아니 다. 만약 그것이 우리 삶의 전부라면 오직 「먹는 것과 짝 짓기」만 생각하는 짐승들과 무엇이 다르겠는가.

우리는 누구나 사람의 탈을 쓰고 태어난 이상 죽기 전에 「사람값」을 하며 「사람답게」 사는 「진짜 인간(眞人)」이 되어야 하는 것이다. 그것이 우리가 이 세상에 태어날 때 가지고 온 「숙제」이다. 우리는 그 숙제를 다 끝내고 금생의 생을 마쳐야 한다.

「사람」이라 불리는 사람 가운데는

① 「짐승보다 못한」 인간

② 「짐승 같은」 인간

③ 짐승과 인간의 경계선 상에 있는 「인간 비슷한」 인간

④ 「사람다운 사람」

⑤ 완전한 진짜 사람(眞人)의 다섯 종류가 있다.

오직 자기 욕심을 채우기 위해 서슴없이 자기 부모를 죽이고 이웃의 아이들을 성폭행하는 「사람 아닌 사람들[非人]」이 짐승보다 못한 인간들이고, 남이야 밥을 굶건 말건 상관치 않고 오직 자기의 잇속만 챙기는 사람 같지 않은 사람들이 짐승 같은 사람들이다. 상당히 많은 사람들이 이 부류에 속한다.

때로는 짐승 같은 사람이 되다가 때로는 사람 같은 사람이 되기도 하며, 인간과 짐승의 경계선상에서 살고 있는 사람들이 인간 비슷한 사람들로서 비로소 「인간냄새」가 조금은 나는 존재들이다. 이들은 자기 이익을 주로 챙기다가노 아주 가끔 남을 돕는 사람들이다. 이들이 남을

돕는 것은 남을 생각해서라기보다는 실은 「자기의 이익」
을 위해 남을 돕는 것이다. 아주 많은 사람들이 이 부류
에 속할 것이다.

공자님이나 예수님 또는 부처님 같은 성인들의 말씀을
듣고, 개과천선하여 바른 길로 들어선 사람들로서 성인
들의 가르침을 따라 살아가려고 노력 중인 사람들이 「사
람다운 사람들」이다. 이 그룹에 속한 사람들에는 많은
층이 있다. 자기 이익을 90정도 챙기고 10정도 남을 배려
하는 사람에서부터 자기 이익은 10, 남을 위해서 90을 챙
기는 사람까지 다양한 계층이 있다. 이 계층의 상층부에
속한 이들이 아마도 작고하신 이태석 신부님이나 사후에
성인이 되신 테레사 수녀님일 것이다.

인간을 완성한 「참사람[眞人]」이 바로 예수님이나 부처
님이시다. 「진인(眞人)」은 오직 남을 위해 사는 사람이다.
사람이 어찌 본래부터 「짐승보다 못한 인간」이고 「짐승
같은 인간」이겠는가. 부처님께서 말씀하신 것처럼 사람
은 누구나 다 본래 부처님과 똑같이 완전한 인간 즉, 「부
처가 될 수 있는 성품[佛性]」을 가지고 있다. 그러나 어느
순간 미망과 무명에 떨어져 이기적인 존재로 전락하였
다. 그리하여 이기적인 생존본능의 노예가 되어 남을 해

치고, 오직 자기 이익만을 위해 사는 한심한 존재로 타락한 것이라고 한다.

위에 열거한 다섯 가지 종류의 인간은 그러한 점을 고려한 것이지만, 이 다섯 가지가 사람이란 이름으로 불리는 존재들의 값을 재는 저울인 셈이다. 아마도 이것이 사후 세계에서 염라대왕이 사용하는 저울일 것이다.

우리는 내 자신이 어떤 부류에 속하는지 누구보다 스스로 제일 잘 안다. 그러므로 모두 「진인(眞人)」이 되기 위한 수행 정진의 길로 나아가야 하지 않겠는가. 우리에게 남은 시간이 많지 않다. 공자께서 "아침에 도(道)를 듣고 깨치면 저녁에 죽어도 좋으리라" 하고 말씀하셨다. 죽기 전에 그리고 더 늦기 전에 바른 길로 가야 한다.

11. 보살행(菩薩行)

묘법연화경은 부처님의 교화생애 중 마지막 8년 동안에 설한 설법으로 48년간 가르침의 총결산이라 한다. 따라서 부처님의 가르침의 전모는 법화경에 이르러 비로소 드러난다. 법화경에는 무엇을 어떻게 깨치고 실생활 속에서 어떻게 실천하며 살아야 「사람다운 사람」이 될 수 있는지를 다 밝히고 있다.

보살을 가르치는 법인 법화경은 방편품을 비롯한 초반부에서 무엇을 알고 무엇을 깨쳐야 하는지를 밝히고, 그렇게 하기 위하여 어떤 수행을 어떻게 해야 하는가를 중반부 안락행품에서 상세히 밝히고 있으며, 마지막 부분에서는 상불경보살, 관세음보살 등의 「보살행」을 통하여 무엇을 어떻게 닦고[修] 생활 속에서 어떻게 실천[行]해야 하는지를 구체적으로 밝혀 주고 있다.

보살이 깨치고자 마음을 닦고 그 닦은 바를 중생제도를 위하여 실제로 행하는 것을 「여섯 가지 바라밀」이라고 부른다. 바라밀은 범어 「파라미타(paramita)」의 음역으로 「고해를 건너 피안에 도달한다」는 뜻을 가지고 있으나 흔히 「완성(perfection)」이라고 번역한다.

자비(남을 이롭게 하는 방편)와 삼라만상의 실상을 깨치는 지혜를 완성하기 위한 보살의 여섯 가지 수행법이 육바라밀(六波羅密)이다. 법화경 분별공덕품은 수행자가 법화경을 수지독송하고 겸하여 육바라밀을 수행하면 그 공덕이 허공처럼 한량없어 속히 일체종지(一切種智)를 이룬다고 한다. 그 여섯 가지는 보시, 지계, 인욕, 정진, 선정, 지혜이다. 이 여섯 바라밀은 서로 깊게 연관되어 있다. 지혜바라밀이 없으면 나머지 바라밀은 안내자를 잃은 맹인과 같다고 한다. 보시가 진정으로 남을 위한 보시가 되려면 공을 깨친 반야지혜의 뒷받침이 있어야 하고 지혜바라밀은 지계, 인욕, 정진과 선정바라밀의 도움이 있어야 완성된다.

① 보시(布施) - 남에게 베푸는 것을 말한다. 보시에는 물질적 보시, 부처님의 가르침 즉 진리를 남에게 전해주는 법보시, 그리고 두려움을 제거해 주는 무외시(無畏施)의 세 가지가 있다.

따뜻한 위로의 말 한마디도 보시가 되고, 불법을 전하는 작은 책 한 권이나 CD 한 장이라도 보시가 될 수 있다. 거액의 돈을 내놓는 것만이 보시는 아니다. 무엇이든지 남에게 좋은 마음으로 베풀면 모두 보시가 된다. 무료로 법률상담을 해주는 것도 보시요 무보수로 아이들을 가르치는 것도 보시다. 보시는 인색함과 탐심과 진심(瞋心)에 대한 좋은 치료제가 된다. 아주 인색한 사람이 어떻게 하면 좋겠냐면서 부처님께 찾아왔다. 부처님은 그에게 조그마한 물건을 오른손에서 왼손으로 주는 연습을 하게했다. 그것이 익숙해지자 사소한 것들을 자기 가족에게 주고 다음에는 친구들에게 주게 하고 더 익숙해진 다음에는 전혀 모르는 사람에게 주도록 시켰다. 그 인색하였던 사람은 이제는 기쁜 마음으로 누구에게나 자기가 가진 것을 줄 수 있었다고 한다.

미운 사람이 있으면 그에게 무엇인가 선물을 주는 것

이 그에 대한 증오심을 없애는 좋은 방법이다. "미운 사람에게 떡 하나 더 준다"는 우리나라 속담이 그러한 진리를 내포하고 있다.

금강경에서는 보시가 최상의 공덕을 가지려면 무주상보시(無住相布施)가 되어야 한다고 했다. 보시를 하는「나」가 없고 보시를 받는 사람도 없고 보시한다는 생각도 없는 보시가 가장 고귀한 보시이다. 그러한 보시는 공의 지혜를 깨치지 않으면 할 수가 없는 것이다. 아상(我相)을 가지고 보시를 하면 자기가「남을 도와주었다」는 생각으로 아만심만 더욱 커져서 받는 사람도 기쁘지 않고 주는 본인에게도 큰 해독이 된다.

② 지계(持戒) - 계율을 지키는 것은 모든 수행의 근본이다.

출가수행자가 지켜야 할 계율을 지키는 것은 당연하지만 재가불자들도 수행자로서의 기본적인 계율을 지켜야 남을 해치지 않고 이익되게 할 수 있는 것은 말할 것도 없고 자기 자신의 편안함을 유지할 수 있다.

지계 수행은 첫째로 남과 자신을 해치는 모든 행위를 하지 말아야 하고, 둘째로 육바라밀 같은 선행을 하고, 셋째로 남을 이롭게 할 수 있는 일은 모두 다하는 것이다.

중국의 시인 백락천이 조과 도림선사에게 물었다.

"무엇이 불법입니까?"

"모든 악행을 하지 아니하고[諸惡莫作]

여러가지 선을 행하는 것이다[衆善奉行]."고

선사가 대답했다.

"그거야 삼척동자도 아는 것 아닙니까?"

"삼척동자도 다 아는 일이지만 칠십 노인도 행하기 어려운 일이다."

살생, 도둑질, 부정한 음행(邪淫), 거짓말, 이간하는 말, 험한 말, 잡담, 탐욕, 화냄과 미워함, 사견(邪見)이 해서는 안 될 열 가지 악행[十惡]이고, 그 반대가 해야 할 열 가지 선행[十善]이다. 사람다운 사람이 되려면 당연히 지켜야 할 기본적 윤리라 하겠다.

부처님께서 말씀하시길 "백만 명의 부처님 앞에 항하의 모래같이 많은 좋은 음식과 꽃으로 공양드리는 것보다 단 한 가지 계율이라도 지키는 공덕이 더 크다"고 하였다.

처음에는 억지로라도 애써 악행을 멀리하고 선행을 실

천해야 하겠지만 보살수행이 높은 단계에 이르러 자비와 지혜가 완성되면 힘들이지 않고 자연히 하게 된다. 한 사람 한 사람이 남을 돕고 남에게 베푸는 일은 고사하고 최소한 남을 해치는 일만이라도 하지 않는다면 우리 사회는 지금보다 훨씬 밝고 편안한 사회가 될 것이다.

③ 인욕(忍辱) - 법화경에서는 유난히 유화인욕을 강조하고 있다. 인욕 없이는 보살이 될 수 없기 때문이다. 인욕에 세 가지가 있다.

첫째 누가 나에게 해를 가해도 화내지 않고 참는 것이고, 둘째 어떤 어려움을 겪게 되더라도 불법을 위해 그것을 참고 견디어야 하고, 셋째 불법진리를 두려움 없이 받아들이는 것이다.

보통사람들조차도 살아가면서 겪게 되는 여러 가지 어렵고 괴로운 일과 화나는 일을 참고 견디어 내야 자기가 뜻하고 원하는 것을 얻을 수 있는데 하물며 수행하는 사람이야 더 말할 필요가 없다.

"천 년 동안 보시를 행하고 부처님들께 공양하는 선행으로 얻은 공덕은 한 순간의 화냄으로 산산이 부서진다"라고 산티데바가 말했다.

부처님은 전생에 수행자로서 인욕수행을 할 때, 가리왕이 칼로 팔을 자르고 몸을 베어도 조그만한 원한과 화나는 마음이 일어나지 않았다고 한다.

수행이 깊어 공의 지혜를 깨치고 자비의 마음이 완성되어 큰 바다와 같은 마음이 되면 「해치는 자」도 없고 「해를 받는 나」도 없고 해치는 「행위」도 없으니 참는 일도 없게 된다. 참을 일조차 없게 하는 것이 참으로 참는 것이다.

구마라집의 제자 승조는 단두대에서 목이 잘리는 순간에도 아무 원한과 두려움 없이 죽음을 맞이했다. 그는 공의 지혜를 철저히 깨치고 있었기 때문이다. 법화경 법사품에서 법화수행자는 여래의 방에 들어가서 여래의 옷을 입고 여래의 자리에 앉아 법을 설해야 하는데 여래의 옷이 다름 아닌 유화인욕심(柔和忍辱心)이다. 인욕의 갑옷을 입지 않고는 이 말법시대를 살기 어렵기 때문이다. 여래의 방이란 일체중생에 대한 대자비심이요 여래의 자리란 삼라만상이 공(空)이란 것이다. 모든 것이 공이란 큰 깨달음위에 자비의 마음을 갖추면 참을 것도 없는 경지에 도달한다. 참을 것도 없는 것이 진정한 인욕바라밀이다.

④ 정진(精進) - 인생에서 무엇인가를 이루려면 그것을 이루기 위해 열과 성을 다하여 끝까지 정진하지 않으면 안 된다. 장인이 최고의 칼을 만들기 위하여 주야로 철을 녹이고 치고 또 달구고를 반복하여 강철을 만들고, 그렇게 일심으로 정진하여 만든 결과로 세상에서 제일 좋은 칼을 얻듯이 최고의 깨달음을 얻기 위하여 수행하는 사람도 정진에 정진을 거듭해야 수행 초기에 발원한 바를 이룰 수 있다.

우리 마음은 표층의 마음과 심층의 마음으로 이루어져 있다. 표층의 마음은 탐내고, 화내고, 시기하는 마음으로 우리가 늘 의식하는 마음이다. 그러나 우리가 몸과 마음과 입으로 하는 여러 가지 행위의 결과가 그대로 「씨앗」으로 기록되고 저장되는 「장식(藏識)」이라는 심층의 마음은 우리가 의식하지 못하는 마음이다.

제6의식이라는 표면의 마음과 심층에 있는 제8아뢰야식이라는 장식은 서로 연관되어 있어서 표면의 마음이 생각하고 의도하는 모든 것은 장식에 씨앗으로 그대로 저장되지만 반대로 심층에 있는 아뢰야식에 저장된 씨앗이 표면의식으로 떠올라 표면의 마음에 큰 영향을 준다.

그러므로 우리의 마음을 닦는 수행정진은 첫째로 심층의 마음에 나쁜 씨앗을 심지 않도록 부정적인 마음가짐과 남을 해치는 악행을 하지 않는 노력이다.

둘째는 이미 있는 나쁜 씨앗을 제거하는 노력이다. 그 것은 의식적으로 분노, 절망, 탐애와 같은 나쁜 씨앗에 물을 주지 않는 것이다. 물을 주지 않으면 나쁜 씨앗이 싹트고 자라지 않고 결국 고사하듯이 우리의 나쁜 감정 이나 생각도 우리의 표면의식에서 의식적으로 제거하면 결국 더이상 생기지 않는다. 이때 중요한 것이 환경이다. 만나는 친구나 항상 보고 듣는 TV와 같은 것이 많은 영 향을 미친다. 폭력적인 장면에 계속 노출되면 자기도 모 르는 사이에 심층에 있는 폭력성이 강화되어 계기만 있 으면 표면의식으로 떠올라 행동으로 나타나게 된다. 그 러므로 항상 깨어 있는 마음으로 여섯 개의 문[六根]을 잘 단속해야 하고 마음의 움직임을 「알아차려야」한다. 더욱 중요한 것은 반야심경에서 보았듯이 삼라만상이 공이라 는 것을 깨치고 우리 마음에서 모든 분별의 상(相)을 비우 고 또 비워서 아뢰야식까지 다 비워서 절대무심(無心)이 되면 부정적인 씨앗은 자연 소멸하게 된다.

셋째는 선행을 해서 좋은 씨앗을 뿌리고 물을 주어 좋은 씨앗이 싹트고 튼튼히 자라도록 만드는 것이다.

수행을 하는 친구를 만나고 선지식으로부터 법문을 듣고 항상 부처님의 경전을 독송하면 장식에 저장되어 있는 나쁜 씨앗들이 자라나지 못하고 좋은 성향의 씨앗들이 점점 힘을 얻고 자라서 꽃피게 된다.

넷째는 이미 우리 마음속에 있는 좋은 성향의 씨앗은 계속 튼튼히 자라나도록 마음 쓰고 노력하는 것이다.

선행을 하면 할수록 선행의 성향은 자라나고 튼튼해진다. 깨치고 성불하겠다는 굳은 결의를 가지고 나쁜 감정, 질병의 고통, 편안함의 유혹에도 굴하지 않고 죽음도 두려워하지 않는 것이 정진이요, 수행의 목표를 이룰 때까지 여러 난관을 견디고 이겨내는 것이 정진이고, 한 걸음 더 나아가서 남을 배려하고 남을 이롭게 하기 위하여 끊임없이 노력하는 것이 정진이다.

편안함에 안주하고 싶은 게으른 마음이 생기면 무상함을 생각하고 곧 닥칠 죽음을 명상하면서 극복해야 하고, 과연 내가 해낼 수 있을까 하는 나약한 마음이 생기면 해탈하고 깨침으로써 얻는 마음의 평화와 행복을 생각하고 이겨내야 하며, 사소한 주변 잡사에 마음이 끌리면 그것들은 결국 괴로움의 원인이라고 바로 깨닫고 물리쳐야 한다.

세상에 공짜로 얻어지는 것은 없다. 모든 것은 대가를 치러야 한다. 정진은 해탈과 깨달음과 열반의 대가이다.

⑤ 선정(禪定) - 선행을 하든 악행을 하든 몸과 입과 마음으로 하는데 그 중에서 마음이 제일 중요하다. 보통사람들의 마음은 밖으로는 색성향미촉의 다섯 가지 경계를 쫓아다니느라 정신없고 안으로는 느낌이나 생각을 쫓는 번뇌망상으로 여념이 없다. 마음이 안과 밖으로 쉬지 않고 움직이는 꼴은 이 나무 저 나무 이 가지 저 가지로 옮겨다니며 잠시도 가만히 있지 못하는 원숭이와 같다.

이와 같이 움직이는 마음이 바로 괴로움이요, 마음의 본성을 깨치는 데 방해물이다. 이와 같이 흩어진 마음을 거두어들여 고요히 가라앉히고 한곳에 집중하는 수행법이 선정바라밀이다.

마을에 도둑이 설치고 다닐 때, 경찰이 항상 지키고 있으면 도둑들이 나타나지 않고 사라지듯이 우리의 마음도 항상 깨어 있고 경계하여 마음의 움직임을 알아차리면 날뛰던 마음도 조용하게 되어 탐내고 시기하고 미워하고 화내는 마음이 소멸하여 편안해진다. 그렇게 마음이 조용해지고 집중된 상태가 되어야 삼라만상의 본성이 공(空)임을 깨쳐 실상(實相)을 알게 된다.

이와 같이 마음을 고요히 집중하여 깊은 정(定)에 들게 하는 수행법이 선정바라밀이고 깊은 선정 속에서 삼라만상이 공이라고 깨치는 수행법이 지혜바라밀이다. 마음을 고요히 가라앉혀 집중상태를 유지하는 것을 「사마타」 즉 지법(止法)이라 부르고 「사마타」의 상태에서 마음의 본성과 삼라만상의 본성이 공임을 보고 깨치는 것을 「위파사나」 즉 관법(觀法)이라고 부른다. 공의 지혜를 터득하고 제법의 실상[諸法實相]을 깨치게 되는 지관법(止觀法)이 육바라밀의 마지막 두 가지인 선정과 지혜바라밀이다.

법화경 안락행품에서 수행자가 항상 참선을 좋아하여 조용한 곳에 머물며 마음을 거두어들여 닦는 것[常好坐禪在於閑處 修攝其心]을 보살이 첫째로 가까이 할 것[初親近處]이라 부르고, 삼라만상이 공하여 있는 그대로 실상이라 관하는 것[觀一切法空如實相]을 두 번째로 가까이할 것이라고 부른다. 다시 말하면 지관법을 수행자가 항상 가까이할 것이라고 말하고 있다. 그리고 부처님은 이 선정과 지혜의 힘으로 삼계의 법왕(法王)이 되었노라고 안락행품에서 밝히고 있다.

지관의 수행을 하려면 우선 가부좌를 하고 허리를 가급적 곧게 펴고 앉아서 오른손 왼손을 하늘을 향하게 펴서 다리 위에 포개어 놓되 두 엄지가 닿게 한다. 눈은 떠도 좋고 감아도 좋으나 눈길은 코끝 아래로 향하게 한다. 참선이 익숙해지면 가급적 뜨는 것이 좋다고 한다. 턱은 몸쪽으로 약간 당겨서 넣고 혀끝은 입천장에 댄다. 처음 하는 사람들에게 이러한 자세는 어색하고 불편하겠지만 익숙해지면 자연스럽게 된다. 몸과 마음은 가급적 긴장을 풀고 편안하게 갖도록 한다. 그러면서도 적당한 긴장을 유지해야 한다. 중요한 것은 허리를 구부리지 말고 곧게 펴고 앉는 것이다.

이와 같이 편안히 앉은 다음에 마음을 가라앉히고 집중하기 위하여 호흡을 관하는 것이다. 호흡을 관한다는 것은 호흡을 알아차린다는 뜻이다. 부처님은 제자들에게

"숲속이나 나무밑이나 빈방에서 가부좌를 하고 허리를 곧게 펴고 앉아서 몸앞에 「알아차림(mindfulness)」을 확고히 세우고 들이쉬는 숨을 알아차리고 내쉬는 숨을 알아차려라"라고 가르쳤다. 평상시에는 거의 호흡을 의식하지 않고 지내지만 좌선할 때만은 호흡을 의식하고 알아차려야 한다. 처음에는 숨을 내쉬는 것을 중심으로 하나에서 열까지 센다. 열이 되면 다시 하나부터 반복하여 마음이 어느 정도 가라앉을 때까지 지속한다. 호흡을 세는 대신 마음속으로 「나무묘법연화경」 하고 제목을 염송해도 좋다. 이렇게 하여 마음이 어느 정도 가라앉으면 그때는 세는 것을 멈추고 그냥 호흡을 의식하고 알아차리기만 하면 된다. 이렇게 좌선을 하다 보면 졸음이 오든가 너무 의식이 혼미할 때가 있는데 그때는 아래로 향해 있던 눈과 의식을 코끝이나 또는 정면을 응시하고 반대로 마음이 너무 들떠 있을 때는 눈과 의식을 단전이나 아래로 향하게 하면 된다.

참선을 하는 동안에 마음에 떠오르는 생각을 억지로 누르려고 애쓰지 말고 강 건너 불 보듯이 또는 강둑에 앉아 흐르는 강물을 바라보듯이 그냥 무심히 바라보기만

한다. 생각이 이러나지 않게 하는 것이 참선이 아니고 일어나는 생각이나 감정들을 알아차리고 고요히 무심히 바라보는 것이 참선이다. 생각을 따라가지 말고 또 그 생각이 좋으니 나쁘니 평가하지도 말고 그냥 「아하 생각이란 놈이 왔다 지나가는 구나」 하고 알아차리기만 하면 된다.

이렇게 좌선이 익숙해지고 진전이 되면 생각이 일어나는 횟수도 점차 줄어들고 푸른 하늘에 드믄드믄 지나가는 구름처럼 어쩌다 한 번씩 나타났다 사라지는 때가 온다. 그때 몸과 마음은 편안한 상태가 되어 삼매의 즐거움을 맛볼 수 있다. 그러나 마음의 고요함과 편안함을 유지하는 것이 좌선의 궁극적 목적이 아니고 그러한 지(止)의 상태에서 관(觀)을 하여 우리 마음의 본성과 삼라만상의 본성을 깨치는 것이 목적임을 알아야 한다.

「호흡을 알아차리고 관하는 자는 누구인가?」

「나무묘법연화경 하고 마음속으로 염송하고 있는 자는 과연 누구인가?」 하면서 그리고 그 묻는 마음은 무엇인가를 한번 보도록 한다. 그 결과로 깨닫고 알게 되는 것이 무엇인지 경험해 본다.

⑥ 지혜(智慧) - 반야바라밀 즉 지혜바라밀은 고해(苦海)

인 이곳에서 열반과 행복의 저 언덕으로 건너가는 지혜를 말한다. 고해 즉 고통과 괴로움의 바다를 벗어나는 지혜는 삼라만상은 모두 인연화합하여 이루어진 연기적 존재로서 그 본성이 공(空)하여 실로 있다고 할 수 있는 것 즉, 실체가 없다고 깨쳐 아는 것을 말한다.

앞의 다섯 가지 바라밀은 공덕을 쌓는 데 크게 도움은 되지만 궁극적 깨달음과 마음의 평화를 가져다 주지는 못한다. 그것들은 아직도 「나」라는 상[我相], 대상이 있다는 상 등 여러 가지 관념과 상(相)에서 벗어나지 못하고 있기 때문이다.

공의 지혜 즉 반야바라밀만이 모든 관념의 상을 떠나서 삼라만상의 실상을 알고 깨치게 한다. 이러한 지혜는 이미 앞의 「반야심경의 이해」나 「공의 이해와 경험」 등에서 자세히 설명한 것처럼 공을 깨치고 마음에서 모든 분별의 상을 비우고 제거하여 본래부터 있는 깨침의 마음[本覺]을 자연히 드러나게 한다. 앞의 다섯 가지 바라밀은 이 지혜바라밀을 완성하기 위하여 필요하고 이 지혜바라밀이 있어야 앞의 다섯 가지 바라밀이 완성된다.

지혜를 닦는 수행은 첫째로 경이나 논서 등을 보고 듣고 하여 공을 배우고 이해하는 단계, 둘째로 그 가르침의 뜻을 깊이 사유하여 확실히 알고 깨치는 단계, 셋째로 그렇게 아는 공의 지혜를 명상을 통하여 실제로 몸과 마음으로 확실히 경험하여 깨치는 단계로 진행된다. 이 명상은 대체로 다음과 같은 단계로 진행된다.

●지해(知解)한 공을 명상을 통하여 경험하지만 공의 깨침이 아직 불완전한 단계

●명상 이외의 시간에 공을 실천하는 단계

●명상과 명상 이외의 시간에도 공에서 한시도 마음이 떠나지 않고 공을 체험하는 단계

●마지막이 명상 시나 아닌 때나 아무런 차이가 없이 공이 몸과 마음과 일체가 되고 녹아드는 단계이다.

이때부터는 몸과 마음이 공에서 떠날 때가 없고 「나」와 「너」가 없는 대평등이 실현되고 자비심이 자연히 우러난다고 한다. 이러한 관의 수행법은 관법으로 공을 깨치고 반야지혜를 완성한 관자재보살이 반야심경에서 잘 보여주고 있다.

육바라밀은 보시바라밀 즉 자비에서 출발하여 마지막

지혜바라밀에서 끝난다. 지혜가 완성되어 「나」와 「너」가 죽어야 비로소 이기심이 죽고 대자대비의 마음이 생긴다. 보시를 통하여 「자비」의 수행이 시작되고 지혜의 완성으로 진정한 광대무변의 자비가 완성되는 것이다.

보살이란 수행자가 이와 같이 육바라밀을 통하여 완성된 「지혜」와 「자비」를 갖출 때 자유자재로 걸림 없이 고해의 중생계에서 구원의 활동을 하는 문수보살, 관세음보살, 보현보살과 같은 대보살(mahasattva)이 되는 것이다.

이제부터 대보살들의 행적을 통하여 그들이 깨친 완성된 지혜와 대자비의 마음을 갖고 이 고해의 세상에서 어떻게 중생을 교화하고 구원활동을 해 나가는지를 보기로 한다.

보살수행을 단계별로 설한 화엄경과는 달리 법화경은 문수보살, 관세음보살 등을 통하여 법화수행자가 닦고 실천해야 할 것을 구체적으로 드러내 보여주고 있다. 전체적으로 보살이 닦고 깨쳐야 할 것과 깨치고 나서 해야 할 것을 서품에서 밝히고 있다. 문수보살, 관세음보살 등 보살은 "자비로 몸을 닦고[以慈修身] 불지혜에 잘 들고

[善入佛慧] 궁극적 지혜를 크게 깨닫고[通達大智] 열반의 저 언덕에 도달하여[到於彼岸]… 능히 무수한 중생을 제도[能度無數百千衆生]하는 이들"이라고 묘사하고 있다. 지혜와 자비를 닦아 크게 깨닫고 많은 중생을 제도하는 일이 바로 보살행이 된다. 이 보살행이 바로 불교수행의 핵심으로서「사람다운 사람」이 되는 길이요, 인간완성의 길이다.

상불경보살품에서는 부처님의 전생인 상불경보살의 수행담을 통하여 우리는 "누구나 다 본래 불지혜를 갖추고 있으며 이미 성불하였다[皆已成佛道]"는 것을 보여 준다. 이것을 열반경에서는 "모든 사람이 다 불성을 가지고 있다"고 말한다. 상불경보살은 만나는 사람마다 "저는 그대들을 모두 공경합니다. 왜냐하면 그대들은 누구나 다 보살도를 행하고 성불할 수 있기 때문입니다"라고 말한다.

법화경 이전까지만 해도 누구나 다 부처가 될 수 있다는 생각은 하지 못하였는데, 법화경에 이르러 비로소 누구나 모두 부처가 될 수 있다고 선언하였다. 우리는 누구나 다 본래「지혜롭고 자비로운 깨어 있는 사람다운 사람」이므로 그러한 진짜 인간[眞人]이 될 수 있는 잠재력과 희망을 모두 가지고 있다.

방편품에서 "부처님 열반하신 후 묘법연화경을 들은 사람은 이미 성불하였다"고 한다. 그러므로 우리는 매일 매일 수행과 일상생활 속에서 부처님처럼 「본래 깨친 완전한 인간」임을 자각하고 실천해야 한다. 그리고 모든 사람을 부처로서 공경해야 한다. 이렇게 하는 행이 바로 「상불경보살행(常不輕菩薩行)」이다.

「문수행」은 문수보살처럼 불지혜(佛智慧)를 닦고 깨친 다음 그것을 생활 속에서 실천하는 보살행을 가리킨다. 서품에서 문수보살은 미래부처인 미륵보살에게 성불하려면 묘법연화경을 듣고 제법실상을 깨쳐야 한다고 가르쳐준다. 그리고 제바달다품에서 문수보살은 바다 속 용궁의 중생들에게 대승의 공(空)을 가르쳐[今皆修行大乘空義] 모두 수행케 하였으며, 그로부터 묘법연화경의 가르침을 받은 용왕의 어린 딸이 많은 사람들이 보는 앞에서 즉시 성불하는 것을 보여준다.

이것은 깨쳐 부처가 되려면 묘법연화경을 듣고 법화수행을 하여 삼라만상의 본성이 공(空)이라는 것을 아는 부처의 지혜를 닦고 제법실상을 깨쳐야 한다는 것을 의미한다. 삼라만상의 본성을 알 때 비로소 중도실상을 깨치게 되고, 중도실상을 깨쳐야 아상(我相)이 죽고 「나」와 「너」의 분별이 모두 소멸하여 부처님의 대자대비심이 생겨 자유자재로 중생을 제도하고 이익되게 할 수 있다.

「약왕보살행」은 「나」라는 의식 즉 아상(我相)을 죽이는 행을 말한다. 약왕보살은 법화경을 듣고 마음먹은 대로 여러 가지 몸을 나타내는 능력을 얻고 그것이 부처님과 법화경의 공덕이라 여겨 자기 몸을 불살라 공양하였다. 자기 몸을 불사르는 것은 말하자면 아상(我相)을 「불살라 없애는 것」을 상징적으로 보여 주는 것이다. 삼라만상의 본성이 공임을 철저히 깨치고 아상(我相)과 아상에 뿌리를 둔 이기심이 완전히 죽어 없어져야 비로소 「너」와 「나」의 분별이 소멸하고 대자대비의 마음이 생긴다.

「관음행」은 삼라만상의 본성을 보고 깨친 다음 대자대비의 마음으로 중생을 제도하는 보살행을 말한다. 법화경 관세음보살보문품에 "관세음보살의 묘한 지혜의 힘이 능히 중생세계의 고통을 구한다[觀音妙智力 能救世間苦]"라는 게송이 나온다. 진정으로 고해중생을 제도하려면 우선 부처의 지혜를 갖추어야 한다. 그렇지 않으면 헤엄칠 줄 모르는 사람이 물에 빠진 사람을 건지려고 무작정 물속으로 뛰어드는 꼴이 된다. 공의 지혜를 완성하고 아상(我相)과 분별심(分別心)이 완전히 소멸해야 비로소 대자대비의 마음으로 중생을 제도 할 수 있게 된다.

법화경의 마지막품인 보현보살권발품은 "만약 법화경을 받아 지니고, 읽고, 외우고, 바르게 기억하고, 마음에서 잊지 않고, 그 뜻을 잘 이해하고, 설한 대로 닦고 행하면[如說修行] 이것이 바로 「보현행(普賢行)」을 하는 것이다"라고 설한다. 보현보살은 큰 실천[大行]을 상징하는 보살이다. 따라서 「보현행」은 부처님의 가르침인 법화경의 가르침을 그대로 수행과 생활 속에서 실천하는 행을 말한다.

법화수행자를 비롯한 모든 불교수행자가 이와 같이 상불경보살행, 문수행, 약왕보살행, 관음행, 그리고 보현행으로 대표되는 보살행을 통하여 마음을 닦고[修] 그 닦은 바를 실생활 속에서 실천[行]하면 그때 비로소 우리는 「사람의 탈」을 쓰고 태어나서 「사람값」을 하고 사는 「사람다운 사람」이 되는 것이다.

세상 사람들 가운데는 오직 자기 욕심과 이익을 위하여 남을 해치고 죽이기까지 하는 사람들이 있다. 어떤 사람들은 남을 해치거나 죽이지는 않지만 오직 자기 이익만 생각하고 남을 전혀 생각하지 않는다. 대부분의 사람들이 이 범주에 속할 것이다. 상당히 드물기는 하지만 자기 이익과 함께 남도 고려하는 사람들이 있다. 이 범주에 속하는 사람들에게는 많은 단계가 있다. 주로 자기 이익을 생각하고 행동하지만 조금은 남을 배려하는 사람에서부터 주로 남을 생각하고 자기 이익은 조금밖에 고려하지 않는 사람까지 여러 단계가 있다. 보살수행이 깊으면 깊을수록 자기보다는 남을 우선시하게 된다. 오직 남을 위해 일하며 사는 사람들은 극소수에 불과하다. 부처님이나 예수님 또는 테레사 수녀님같이 「나」라는 의식과 아상(我相)이 완전히 소멸한 사람만이 완전히 남을 위한 삶을 살 수 있다. 부처님의 가르침에 의하면 완전히 남을 위해 사는 삶이 「사람다운 삶」이다. 그리고 이것이 보살행이 궁극적으로 지향하는 것이기도 하다.

혼히 「먹고 살면 그만이지」라고 생각하며 사는 사람들이 많다. 「즐겁게 살면 됐지」 하고 사는 사람들도 있고 「남에게 해 안 끼치고 착하게 살면 그만이지」 하며 사는 사람들도 있다. 개나 돼지도 먹고 살고, 개나 짐승들도 나름대로 즐겁게 산다. 남에게 해 안 끼치고 착하게 사는 존재로 소를 따라갈 사람이 많지 않을 것이다. 만물의 영장이라고 자처하는 인간에게 「먹고 사는 일」이, 「즐겁게 사는 일」이, 그리고 「남에게 해 안 끼치고 사는 일」이 전부는 아닐 것이다. 그렇게 사는 것이 대단한 일은 아니다.

아무리 돈이 많아도, 아무리 높은 지위에 올라도, 아무리 크게 깨달았다 하더라도, 오직 자기 자신의 이익만을 위한 것이라면 우리와는 아무런 상관이 없다. 그러한 사람이 갑자기 망하거나 병들어 죽는다 해도 안타까워하거나 슬퍼할 사람들이 거의 없을 것이다. 그러나 그러한 지위나 재산이나 깨달음을 성취한 사람들이 남을 위하여 살며 많은 사람들을 이익되게[饒益衆生] 할 때 비로소 우리는 그들에게 큰 관심을 갖게 되고 공경하게 된다. 그러한 사람을 응당 공경받는 분이란 뜻으로 응공(應供)이라 부른다. 그때 비로소 그분들은 「인면수심(人面獸心)의 인간」이 아니라 「사람다운 사림」이 된다.

우리는 왜 만물의 영장이란 「인간의 모습」을 하고 태어났으며 어떻게 사는 것이 인간의 모습에 걸맞는 「사람값」을 하고 사는 길인지 깊이 생각해 보아야 한다. 지금 우리의 살아가는 모습이 본래부터 지혜롭고 자비로운 완전히 깨친 「인간 본연의 모습」과 다르다면 수행과 생활 속에서 보살행을 실천하여 우리 마음의 고향으로 돌아가 잃어버린 인간 본연의 모습을 되찾아야 한다. 그때 비로소 우리는 한 사람, 한 사람 그리고 다 함께 구원받게 된다. 남에 대한 배려가 없는 사회는 건강하고 행복한 인간 사회라고 할 수 없다.

12. 바닷가 모래성 쌓기

(1)

따뜻한 여름날 한가한 바닷가 백사장에서 어린 아이들이 모래성을 쌓으며 재미있게 놀고 있다. 쌓은 모래성을 자기들끼리 부수고는 깔깔대며 웃고 또 그 자리에 다시 모래성을 쌓으며 재미 있게 논다. 그러다가 이번에는 큰 파도가 밀려와서 그들이 쌓아 놓은 모래성을 다 휩쓸고 지나간다. 이때도 아이들은 재미 있다고 깔깔대며 웃고는 그 자리에 또다시 성을 쌓으며 재미 있어 한다.

그런데 그때 또래의 한 아이가 나타나서 그들이 만들어 놓은 그 모래성을 발로 짓밟아 뭉개버린다. 그러자 한 아이가 화를 불끈 내면서 "너 이 자식 뭐하는 짓이야" 하면서 다짜고짜 주먹을 날려 그 아이의 얼굴을 때리니 금세 그 아이의 코에서 피가 나기 시작한다. 얼굴을 맞은 아이는 가만히 있을 리 없고 즉시 "어 이놈이 나를 때렸어" 하면서 반격을 하여 주먹을 상대편 아이의 얼굴에 날리니 이번에는 그 맞은 아이 눈이 「밤탱이」가 된다.

모래성은 재미로 쌓은 것이다. 쌍코피가 터지고 「눈탱이 밤탱이」가 되도록 싸울 만큼 값진 보물도 아니다. 그리고 자기들이 부술 때도 파도가 와서 쓸어버릴 때도 모래성은 파괴되고 또래 아이가 뭉개버려도 파괴되긴 마찬가지이다. 자기들이 했건 파도가 했건 다른 아이가 했건 「모래성의 파괴」라는 사실에는 아무런 차이가 없다.

그럼에도 불구하고 자기들이 했을 때와 파도가 했을 때는 오히려 재미 있어 하다가 다른 아이가 했을 때는 기분 나빠 화를 내며 싸운다. 같은 일에 대하여 왜 그렇게 다른 반응을 하는가. 그 다르게 반응하는 이유가 무엇일까?

우리 집안에 96세까지 건강하게 사시다가 돌아가신 어

른이 한 분 계셨다. 돌아가시기 2~3년 전에 문안 차 방문했을 때 나에게 "그동안 사람이 왜 이 세상에 태어났는가 하고 생각해 보니 결국 싸우려고 태어나는 것이다"라고 말씀하셨다.

90평생 사시면서 알게 된 사실은 사람이 태어나서 사는 것이 곧 남과의 싸움이라는 것이다. 그러고 보니 우리들의 삶은 크고 작은 싸움의 연속이라는 것을 부정하기 어렵다. 집안 형제들끼리도 싸우고 부부 간에도 싸우고 부모 자식 간에도 싸운다. 이웃과 이웃 간에도 여러 가지 문제로 다투고 시장에서도 직장에서도 정치판에서도 거의 매일 싸움은 계속되고 있다.

(2)

부처님 제자 가운데 수보리를 해공제일(解空第一)이요 무쟁제일(無諍第一)이라 불렀다. 금강경의 질문자로 등장하는 수보리는 붓다의 제자들 중 공을 제일 잘 아는 사람이요 남과 다투지 않는 데 있어서 제일가는 사람이라고 한다. 그는 출가 수행자이니 지켜야 할 가족도 없고 지켜야 할 권력과 재산도 없고 모든 것이 공이라고 깨달은 사람이니 「나」도 없고 「너」도 없는데 무슨 싸울 일이 있겠는가.

그러나 가족도 있고 재산도 있고 「나」와 「너」도 있는 보통사람들에게는 이런 저런 일로 남들과 다투고 싸울 일이 많다.

일단 싸움이 시작되면 모래성 때문에 싸운 아이들처럼 한 사람만의 일방적 승리로 끝나지 않고 대개의 경우 당사자 모두 패자로 끝난다. 그럼에도 불구하고 싸움이 그치지 않으니 안타까울 뿐이다. 피할 수 없는 경우에는 할 수 없이 다투어야 하겠지만 피할 수 있으면 피하는 것이 좋을 것이다.

싸움을 피하려면 첫째로 참아야 한다. 참을 수 있을 때까지 참는 것이다. 누군가가 나에게 손해를 끼쳤다면 내 자식이 나에게 손해를 끼쳤다고 생각하고 참아야 한다.

둘째로 자비심을 가져야 한다. 나에게 모욕적인 말을 누군가가 했다면 그런 말을 하면 상대편이 마음 아파하고 기분 나빠 할 것을 모르고 그런 말을 하니 참으로 불쌍한 사람이라고 생각하는 것이다. 그런 것을 알면서도 나에게 상처주기 위하여 고의적으로 했다면 그는 더욱 불쌍한 사람이다. 그는 자기가 지은 죄업의 과보를 언젠가 받게 되는 것을 모르니 주인을 물면 맞아 죽게 되는 것을 모르는 미친개와 다를 바가 없다.

셋째 수보리처럼 모든 것이 공이라고 생각하는 것이다. 지금 당면한 일을 마음공부의 소재로 삼아 공을 철저히 깨치는 계기로 삼는 것이다.

(3)

다툴 일이 생긴 것도 실은 나의 업보이고 그것은 마음공부를 더욱 열심히 하여 나의 업을 소멸시킬 수 있는 좋은 계기라고 생각하여야 한다. 더 큰 업보를 받을 것을 재산상 손해 본 것, 정원의 나무 몇 그루 없어진 것, 모욕적인 말 몇 마디 들은 정도로 그쳤으니 오히려 다행한 일이라고 생각하고 마음 편히 받아들여야 한다. 내일 죽는다고 생각하면 집착할 것이 아무것도 없고 무슨 다툴 일이 있겠는가.

정말로 마음의 평화를 얻으려면 내가 옳으니 네가 옳으니, 내가 더 가졌느니 네가 더 가졌느니, 내가 더 힘이 있느니 네가 더 힘이 있느니 하고 따지고 다투지 말고 마음에서 모든 것을 내려놓고 그냥 쉬어야 한다. 그리고 지금 내 앞에 있는 삶을 즐겨야 한다.

곧 도축될 운명에 놓인 두 마리 닭이 서로 다투고 있다.

한 닭이 말한다.

"쌀이 옥수수보다 더 맛있다. 나는 그래서 쌀을 더 좋아하거든."

그러자 다른 닭이 말한다.

"아니야, 쌀보다 옥수수가 더 맛있어. 옥수수는 단맛이 나거든. 그래서 나는 옥수수가 더 좋아."

그들은 얼마 남지 않은 생을 즐기지도 못하고 그렇게 다투다가 죽게 되었다. 우리들도 혹시 죽음을 목전에 둔 닭처럼 지금 다투면서 소중한 삶을 허비하고 있지는 않은지 한 번 생각해 보아야 한다. 서로 싸우는 시간에 만나면 즐거운 친구들과 만나서 담소를 하면서 정분을 쌓거나 한가롭게 푸른 하늘에 떠가는 구름을 감상하든지, 아니면 혼자서 시골여행을 하면서 지금 우리에게 허용된 삶의 순간들을 즐기는 것이 더 좋을 것이다.

법화경 법사품에서 설하듯이 법화수행자는 생활 속에서,

① 일체중생에 대하여 대자비심을 가져야 하고,

② 유화인욕심을 가져야 하고,

③ 삼라만상이 공이라고 항상 관해야 한다.

이와 같이 경에서 설한 대로 우리가 마음을 닦고 그 닦은 바를 생활 속에서 실행하면 다툴 일이 거의 없을 것이며 마음의 평화를 얻고 종국에는 성불하게 된다.

13. 품위를 지키려면

(1)

우리 삶의 현실이 매일 싸움의 연속이라 하더라도 그것이 우리 삶의 「바람직한 모습」은 결코 아니다. 이웃 간의 다툼에서부터 나라 간의 전쟁에 이르기까지 싸움이란 모든 사람들에게 큰 고통과 괴로움을 주는 가장 파괴적인 행위이다. 그것은 성날 대로 성이 난 「아수라」들이 서로 죽기 살기로 싸우는 「아수라행」이요 배고픔이 극에 달한 아귀들의 「아귀다툼」이다. 싸움이란 「행복이 삶의 목적」이라고 생각하면서도 불행하게도 오히려 다같이 「지옥」을 만드는 인간들의 우매한 행위에 지나지 않는다.

우리에게 하루 동안 허용된 시간은 24시간이다. 그 24시간을 남과 싸우려는 생각과 싸움으로 보낼 수도 있고, 행복한 생각과 사랑으로 보낼 수도 있다. 싸우려는 생각과 싸움으로 채우면 그것이 바로 「지옥」이요 행복한 생각과 사랑으로 채우면 그것이 바로 「천국」이요 극락이다. 24시간이란 상자를 보석으로 채우면 그것은 「보석상자」가 되는 것이고 오물로 채우면 「오물통」이 된다. 누구에게나 똑같이 주어진 24시간을 보석상자인 「천국」으로 만들 것인가 아니면 오물통인 「지옥」으로 만들 것인가는 우리들 각자의 선택에 달렸다. 싸움에서 이긴 사람이 승리자가 아니고, 싸우고 싶은 욕망을 극복한 사람이 진정한 승리자요 영웅이다. 남을 적으로 미워하고 싸워 이긴 사람이 영웅이 아니고, 남을 용서하고 싸우려는 마음을 「사랑」과 「자비심」으로 바꾼 사람이 진정한 승리자요 영웅이다.

(2)

부처님이 생존해 있을 때, 인도 어느 마을에 「소문난」 귀부인이 살고 있었다. 그녀는 인지하고 자비로우며 누구에게나 친절하다고 소문나 있었다. 그 집에 하인이 여러 명 있었는데 새로 들어온 하녀 하나가 청소를 하다 그만 귀한 그릇 하나를 깨고 말았다. 그랬더니 그 귀부인은 얼굴을 약간 찡그리며 나무랐다. 그리고 며칠 후 그 하녀는 주인이 아끼는 그릇 하나를 또 깨먹었다. 그랬더니 이번에는 화난 얼굴을 한 귀부인이 욕설과 함께 하녀를 심하게 꾸중하였다. 꾸중을 들은 하녀는 자기의 잘못으로 주인이 아끼는 그릇을 깨먹은 것이 한편으로는 무척 미안하기도 했지만, 다른 한편으로는 인자하기로 소문난 귀부인에 대하여 너무 실망한 나머지 그 부인이 소문대로 참으로 「인자한 귀부인」이 맞는지 「시험」해 보고 싶은 짓궂은 생각이 들었다. 그래서 이번에는 그 부인이 정말 애지중지하는 값진 골동품 항아리를 일부러 깨 버렸다. 그러자 그 귀부인은 화가 머리끝까지 뻗쳐서 험악한 얼굴로 하녀를 마구 때리며 차마 입에 담지 못할 욕설을 퍼부었다. 이 소문은 순식간에 온 마을에 퍼졌고 부처님 귀에까지 들어갔다. "사람이 정말 귀한지 아닌지는 참으로 어려울 때 비로소 드러난다"고 부처님이 제자들에게 말씀하셨다.

(3)

나에게 늘 잘 대해주고 나를 좋아해 주는 사람을 사랑해 주는 것은 어려운 일이 아니다. 나에게 잘해주지는 않지만 그렇다고 해를 끼치지도 않는 사람에게 내가 잘 대해주는 것도 어려운 일이 아니다. 참으로 어려운 일은 나를 미워하고 나에게 해를 가하는 사람을 용서하고 사랑하는 일이다. 그렇게 할 수 있으면 참으로 귀한 사람이다. "이에는 이, 눈에는 눈" 보다는 "원수도 사랑하라"는 가르침이 더 귀한 가르침이다. 보복이나 복수보다는 나에게 해를 가한 사람일지라도 잘 대해주는 것이 고귀한 일이다.

(4)

보통사람들은 누가 나에게 해를 가하면 즉각 보복할 생각을 한다. 그렇게 해서는 위의 무늬만 귀부인이었던 인도 어느 마을의 부인처럼 우아함을 지킬 수 없다. 헤밍웨이가 말했듯이 "진정한 용기는 곤란한 처지에 처하더라도 우아함을 잃지 않는 것이다." 그러므로 누군가 나에게 해를 가하면 지금 내가 「시험에 들었구나」 생각하고 더욱 마음을 경계하여 우아함을 잃지 않도록 해야 한다.

(5)

「정신 나간 사람」이 싸움을 걸어오면 그 사람을 상대로 싸울 사람은 아무도 없을 것이다. 철없는 어린 아이가 싸움을 걸어와도 그 아이를 상대로 싸울 어른은 없을 것이다. 세상에는 겉으로는 멀쩡한 어른처럼 보이지만 마음은 철없는 어린 아이 같은, 어린 아이 아닌 어른들이 많다. 또 교육 정도도 높고 돈과 사회적 지위도 있어서 겉으로는 아주 교양 있고 멀쩡해 보이지만 안으로는 정신이상자들이 많다. 그들의 언행은 시정잡배 수준으로 도저히 제정신을 가진 정상적인 인간으로 볼 수 없을 정도이다.

그런 사람들과 다투게 되거나 싸우게 될 때는 철없는 어린 아이나 미친 사람과의 싸움을 피하듯이 무조건 피해야 한다. 비록 그렇게 피함으로써 재산상의 손해가 생기더라도 그것은 나의 「우아함」과 「품위」를 유지하기 위한 비용이라고 생각하고 참아야 한다. 그렇지 않으면 인도 어느 마을의 부인처럼 하루아침에 형편없는 사람으로 전락하게 되는 것이다. 귀한 인품을 만드는 데는 상당히 오랜 수행의 시간이 들지만, 그것을 잃는 것은 한순간이다.

14. 한바탕 꿈

꿈속의 여인

내가 어렸을 때 본
어머니의 모습
간밤
꿈속에서 만난 여인처럼
어렴풋하네.

몇 년 전 갔다 온
쿠르즈 여행도
지금까지 살아온
인생도
간밤 꿈속의 일처럼
어렴풋한 기억일 뿐이라오.

한바탕 꿈

깊은 산속
호랑이를 만나
무서움에 떨며
식은땀 흘렸네.

사랑했던 연인은
떠나 버리고
하나뿐인 자식마저
사흘만에
저 세상으로 갔다오.

하늘이 무너지고
땅이 꺼지듯
내 가슴 찢어져
몇 날 며칠을
소쩍새 울듯

그렇게 슬피 울었다오.

누군가 흔들어
깨고 보니
한바탕 꿈이었네.

무서운 '호랑이'도 없고
'연인'도 '자식'도 없었소
그런데도 그렇게 무서웠고
그렇게도 슬펐다오.

꿈꾸는 동안은
꿈인 줄 모른다오
꿈속에서는
모든 것이 생생히
살아 있지만
꿈 깨고 보면
본래 '한 물건'도 없구려.

꿈 깨고 보면

'고해'도 없고
제도할 '중생'도 없다오.
'나'도 없고
'호랑이'도 없고
'연인'도 없고
'두려움'도 없고
'슬픔'도 없고
'괴로움'도 모두 없다오.

꿈꾸는 동안은
꿈인 줄 모르고
사랑하다 싸우고
욕심부리고 화내고
그렇게 아등바등
미친 듯이 살아간다오.

꿈같은 세상
꿈인 줄 알고 살면
그것이 꿈에서
깨어나는 길이라오.

공(空)

우주의 아름다움은
세상의 꽃으로 피어나고

나비의 춤은
우주의 춤

우주의 소리는
꾀꼬리 울음소리요
'나왕 케촉'의
피리 소리라오.

모두
아무것도 없는
저 허공에서 나오고
꾀꼬리 소리도
나비의 춤도

'나왕 케촉'의 피리 소리도

모두 그곳으로

돌아간다오.

* 나왕 케촉(Nawang Khechog)은 티베트 출신으로 티베트
대나무 피리 연주가로 세계적으로 유명한 명상 음악가
이다.

차원(次元)

산모퉁이 길을 내려오는 차
그 길을 올라가는 차
서로 보지 못하고
충돌해 사람이 죽었다오.

산 위에서
산 밑을 보면
마주 달려오는 차
다 보인다오.

땅위의 그들은
서로 보지 못해 죽고
하늘에서 보는 이는
다 보고 안다네.

탐욕에 눈이 멀고

분노에 돌아버리면
눈 뜨고도 못 본다오.

탐 · 진 · 치에서 벗어나
집착 버리면
하늘에서 보게 되고
집착에 눈멀면
땅에서도 보지 못 한다오.

달라서 아름다워

사람들이
서로 다르다고
차별하고
싫어하고 미워하지만
세상은
'다름'이 있어
아름답다오

'나왕 케촉'의 피리가
단음(單音)만 낸다면
얼마나 단조롭고
따분할까.

무지개가 단색이고
모든 꽃이
세상이

같은 모양 같은 색이면
얼마나 지겨울까.

세상은
꽃은
사람은
음악 소리는
모두 달라서
아름다운 것이라오.

말할 때

붓다는
말할 때
이렇게 한다

진실이 아니고
유익하지 않고
들어서 즐겁지 않은
말은 하지 않는다

진실이고
유익하지만
들어서 즐겁지 않은
말은 하지 않는다

사람들이 듣기에
기분좋은 말일지라도

진실이 아니고
유익하지 않은
말은 하지 않는다

비록 진실이고
사람들에게 유익하고
사람들이 듣기에
즐거운 말일지라도
적절한 때를 가려서
말한다.

공과 자비

초판 1쇄 발행 2014년 7월 8일

지은이 | 황명찬

펴낸이 | 이의성
펴낸곳 | 지혜의 나무
등록번호 | 제1-2492호
주소 | 서울시 종로구 관훈동 198-16 남도빌딩 3층
전화 | (02)730-2211 팩스 | (02)730-2210

ISBN 979-11-85062-05-1 03220